U0368958

汽车先进技术译丛

中德教育与
科技合作
促进中心

汽车行业 Automotive SPICE 能力级别2和3实践应用教程

［德］皮埃尔·梅茨（Pierre Metz）　著
中德教育与科技合作促进中心　组译
梁中华　顾小钢　罗本进　译

机械工业出版社

Automotive SPICE 是针对汽车行业基于软件的系统的产品开发过程级别的评估模型。它以 6 个"过程成熟度级别"进行测量和评估。由于其抽象表述通常会导致评估人员之间以及公司之间难以理解，这可能导致流程实施效率低下，甚至导致评估结果出现分歧。本书以实践为导向，概述了模型的第二个和第三个过程成熟度级别，并根据具体示例为通用实践提供了特定于过程的解释帮助，以供读者在实践中应用。本书的特点是具体化、形象化，对读者理解并应用 Automotive SPICE 进行项目流程管理极具借鉴意义，适合汽车专业师生及汽车工程师、技术管理人员阅读使用。

图书在版编目（CIP）数据

汽车行业 Automotive SPICE 能力级别 2 和 3 实践应用教程/（德）皮埃尔·梅茨（Pierre Metz）著；梁中华，顾小钢，罗本进译 . —北京：机械工业出版社，2021.5（2023.4 重印）

（汽车先进技术译丛）

书名原文：Automotive SPICE-Capability Level 2 und 3 in der Praxis

ISBN 978-7-111-67797-0

Ⅰ.①汽…   Ⅱ.①皮… ②梁… ③顾… ④罗…   Ⅲ.①汽车-评估-应用软件-教材   Ⅳ.①U472-39

中国版本图书馆 CIP 数据核字（2021）第 050932 号

机械工业出版社（北京市百万庄大街 22 号　邮政编码 100037）
策划编辑：孙　鹏　责任编辑：孙　鹏
责任校对：肖　琳　封面设计：鞠　杨
责任印制：张　博
北京建宏印刷有限公司印刷
2023 年 4 月第 1 版第 2 次印刷
169mm×239mm·14.25 印张·2 插页·272 千字
标准书号：ISBN 978-7-111-67797-0
定价：139.00 元

电话服务　　　　　　　　　网络服务
客服电话：010-88361066　　机 工 官 网：www.cmpbook.com
　　　　　010-88379833　　机 工 官 博：weibo.com/cmp1952
　　　　　010-68326294　　金 书 网：www.golden-book.com
封底无防伪标均为盗版　　机工教育服务网：www.cmpedu.com

作译者简介

皮埃尔·梅茨博士领导并监督博泽集团的功能安全开发项目，这是公司中与安全相关的机电一体化开发标准流程的一部分。他是 intacs™ 认证的 SPICE 和 Automotive SPICE® 首席评估员，并且还领导了汽车、电信和医疗技术领域的国际评估团队；作为 intacs™ 认证的临时评估师和合格评估师，他负责培训评估师。他是 intacs™ 顾问委员会的联合创始人和成员，并且直到 2015 年一直担任 intacs™ 工作组的负责人，他还负责开发和维护两个级别的评估员培训的国际通用标准化课程材料。

作为 VDA/QMA AK 13 的成员，皮埃尔·梅茨博士全程参与开发于 2015 年发布的 Automotive SPICE® v3.0 模型，并参与制定德国功能安全标准 NA 052 - 00 - 32 - 08 - 01《车辆通用要求》和 NA 052 - 00 - 32 - 08 - 02《软件和流程》。他还是 ISO 26262（ISO TC22/SC32/WG8）国际工作组的德国代表团成员。

中德教育与科技合作促进中心（www. kfbtz. org）是德国法院注册的公益协会，协会宗旨是促进和发展中德两国在经济、文化和学术上的交流；致力于为政府、广大中德企业以及高校提供在国际交流和创新培训领域内的全方位服务；为中外企业发展提供跨文化和法律咨询；在中德两国的教育、科技和文化交流领域发挥积极的促进作用。

梁中华，德国达姆施塔特工业大学工学硕士，在德国汽车行业软件开发领域具有多年工作经验，测试专家，流程管理专家，ASPICE competent Assessor。

顾小钢，德国布伦瑞克工业大学工学博士，曾在德国宇航、庞巴迪铁路信号和航盛电子等公司涉足航空电子、铁路电子和汽车电子三大领域，为卫星导航专家。2013 年起担任科博达技术有限公司顾问，组织并参与该公司汽车灯控项目的 ASPICE 达标，最终通过了流程成熟度 2 级的认证。

罗本进，德国斯图加特大学工学博士，中德教育与科技合作促进中心主席，江苏省产业技术研究院首席科学家，长期担任德国汽车零部件企业前瞻开发部高级系统工程师。他多年来一直致力于混合动力系统、电驱动系统、全自动变速器及工业 4.0 的研究，具有丰富的实践经验。

原书前言

这本书的成稿要追溯到 2009 年，那时我在斯图加特举行的 SPICE 日（SPICE Days）大会上做了一个相关的入门教程报告——如何理解能力级别 2 和 3 中的通用实践以及它们的具体实施。之所以这样做，是因为讲述 Automotive SPICE 这两个能力级别中的通用实践（GP）比讲述能力级别 1 中的基本实践（BP）的内容少很多。

之后不久，我们在 intacs™（International Assessor Certification Scheme）专业顾问委员会（于 2006 年新成立的一个针对 SPICE 所有模型的评估员国际认证方案专业顾问委员会）之下组建成立了一个由我领导的新工作组。这个工作组与出考题的认证机构工作组一起完成了对预评估员（Provisional Assessor）和能力评估员（Competent Assessor）全部培训教材的编写之后，培训教材以 3 种语言在国际上使用。以这种形式达成的专业共识，这在当时是里程碑式的第一次。这个里程碑来之不易，因为参加这项工作的人员来自多个互为竞争对手的不同公司，他们的目标、策略和各自的培训教材不一。尽管有竞争关系，还有各种差异，但这些专家始终能够友好合作和交流，共同为 intacs™ 完善和推进这项工作。我相信，没有那些专业争论和寻找共同点的努力，就不可能有不断的完善和进步。后来，越来越多的公司加入 intacs™ 的教材工作组。我因要支持 VDA/QMA 第 13 组的工作，同时还要参与功能安全方面的国家和国际标准化工作，于 2015 年退出了教材工作组。

我做的入门教程报告是本书的基础。在对 SPICE 评估员进行的 5 天培训课程里，培训师不可能在这么短的时间内将对模型有用的所有经验和专业细节都讲述得面面俱到，因此参与培训的人员还需参考其他专业书籍从而加深认识。在 2009 年后我开始将教程改写为书，其间我的一些专业同仁已出版了有关 SPICE 和汽车行业 SPICE（Automotive SPICE）的专业书籍。据我观察，这些书和我的书互补。已有专业书籍的重点是能力级别 1 级，而我的经验是对他们的补充。本书是根据我的个人经验、专业观点和对实际问题的解决方案写就的，在一些细节上可能与别人不同。如上所述，开放的交流有益于专业发展，我欢迎读者随时将批评和反馈发至 pierre. metz@ intacs. info。

汽车行业 SPICE v3.0 于 2015 年发布后，VDA/QMA 第 13 组着手制定出版了一个蓝金皮书（Blau – Gold – Band），其中包括对模型的解释，以提高评估员评估的一致性从而保证评估结果的质量。蓝金皮书中对于能力级别 2 级和 3 级的解释没有本书里的范围广，因为它还讲述了能力级别 1 级中的基础实践；所以与 dpunkt. verlag 出版社商定后，我希望本书能为 VDA/QMA 第 13 组提供一个参考。

我衷心感谢 Dr. Joachim Fleckner，Dr. Jürgen Schmied，Dr. Wanja Hofer，Dr. Dirk Hamann，Markus Langhirt，Marcus Zörner，Thorsten Fuchs，Manfred Dornseiff，Hans – Leo Ross，Matthias Maihöfer，Matthias Bühler，Marco Semineth，Albrecht Wlokka，Thomas Bauer，Nadine Pfeiffer 和 Bhaskar Vanamali 对本书内容所进行的专业讨论和评审。

最后，我在此感谢出版社的团队，特别是 Christa Preisendanz，Ursula Zimpfer 和 Frank Heidt 对于我这个 dpunkt. verlag 出版社的新人给予的耐心和有力的支持。

皮埃尔·梅茨

班贝格

目　录

第 1 章　如何阅读本书

理想的阅读顺序如下：

在第 2 章中

阐述了书后缩写与释义（附录 A）不包含的某些术语和概念，这些术语和概念在内容理解时经常用到。

第 3 章

专门为 Automotive SPICE 的初学者所写，对于有经验的人，本章可以作为一个复习。本章清晰描述了流程评估模型 Automotive SPICE 的几个抽象层。它一一阐述了能力等级 0 ~ 5（CL0 ~ CL5），说明了它们是如何相互建立的，以及为什么。它还简要解释了为什么 Automotive SPICE 同敏捷实践和方法并不相互矛盾，恰恰相反，它们是相互补充的。

对于第 4 章

讲述的内容是基本理解 CL2 的前提，所以应在学习第 5 章（对 CL2 的流程特定解释）之前阅读本章。为什么呢？

Automotive SPICE 中对 CL2 的解释非常有限，第 4 章中首先提供了一个对通用实践（GP）详细的理解和举例，目的在于说明各个 GP 的要求是什么，以及它们之间如何进行专业互动。第 4 章只做了一般解释，它还不是针对某一特定流程的。在第 5 章中会对 HIS 范围的流程进行详细说明。因此，第 4 章是理解第 5 章中特定说明的基础。

对于第 5 章

我没有选择一致的实践场景。场景始终只能显示某些方面和其对应的实施解决方案，而不涉及其他重要的替代方案。本章的目的是展示尽可能广泛的可能性，所以没有用具体场景。

第 5 章中的流程顺序是按照 V 模型原则从左上角到右下角排列的。在这些流程中，对通用实践（GP）的陈述没有按照它的编号顺序，而是遵循另外的顺序，因为这在教学上更有优势（例如，首先解释可能的资源是什么，然后在对人力资源的阐述中，指出他们的责任）。对于某些流程，会将若干个通用实践（GP）归纳在一个小章节中，统一解释，这样更便于阅读和理解（例如 SYS. 3 系统架构中的资源、职责和职权以及利益相关者）。

由于本书主要是一本参考书，因此在第 5 章的流程中同样的陈述重复了多次（例如，在测试流程中有哪些工作产品及如何进行测试），以减少"碎片化"去参考这些同样的陈述，也避免了读者来回翻阅。另一方面，为了避免过多的重复，某些同时适用于多个流程的讨论被打包到单独的章节中（例如，工具使用培训的前提或者 SUP. 8、SUP. 9 和 SUP. 10 的共同部分）。

第 6 章

提供了实例解释说明，说明在实践中对能力等级 3 级（CL3）的通用实践（GP）在每个流程中如何理解。在阅读第 6 章前，应先读完第 4 章，第 5 章可以跳过。

CL3 不涉及流程变更管理的原则或程序化、组织化流程改进项目的方法。阅读第 6 章之前要求已经掌握了第 2 章。

CL3 更抽象，其目标与 CL2 也不一样。相比 CL2，CL3 找不到连续的、直接的具体流程的示例。因为实际实施的流程系统是多样的，它可以应用于不同的场景中。CL3 的要求是不管它用在哪个场景中，都必须使用同样特定的方法。所以CL3 中没有以具体场景来举例，如果对不同场景进行举例，就会重复描述同样的方法。

评估的给分规则

Automotive SPICE 包含了大量关于流程和能力级别的明确或隐含的技术交叉引用。为了保证评估结果自身的一致性，第 4 章末尾给出了能力等级 2 级（CL2）的交叉评估参考，以便评估员直接查阅，其形式如下：

■ 减分原因

■ 不减分原因

■ 一致性警示

这些参考不能笼统地全部归入减分理由，而取决于具体情况：

● 例如，对通用实践 GP 2.1.4 "调整流程实施"偏差的响应是否必须经过 SUP. 9 的"问题解决管理"来进行，这取决于，根据 SUP. 9 的问题解决策略定义了哪些类型的现象。

● 例如，通用实践 GP 2.1.2、GP 2.1.3 和 GP 2.1.4 根据其各自的流程目

标来管理流程，因此，这些通用实践（GP）与 MAN. 3 项目管理里名称中含有
"定义、监控和调整……"的基础实践（BP）相关联。但是，整个项目的目标
并不总是所有单个流程目标的总和。

第 6 章末尾给出了能力等级 3 级（CL3）的评估帮助，在第 7 章给出了能力
等级 1 级（CL1）的评估帮助（已超出本书的实际目的）。

第 5 章中也有不同的针对特定流程的评估帮助。

什么适用于所有章节

本书是评估者和实践者的参考手册。本书的重点是能力等级 2 级和 3 级
（CL2 和 CL3），但是，在未提及能力等级 1 级（CL1）的情况下某些内容无法解
释。因此，CL1 相关的参考文献和背景资料用灰色标出作为附注。此外，给评估
者的提示（评估者须知）也用灰色框标出。实践人员如有兴趣，也可以参阅。

我将不解释通用资源（generic resources），因为它们与通用实践比较起来，
对理解提供的帮助较少，而且经验表明，它们几乎没有实际意义。

由于 Automotive SPICE v3. 0 通过插件概念有意从软件为中心转向机电一体化
系统，本书使用了自动后舱盖和车窗升降器作为标准示例来说明 Automotive
SPICE。

本书不提供具体的特定流程方法描述的集合。相关的参考文献也不会重复进
行流程方法描述。特例是需求分析中的用例方法（Use Case），或者是分析功能
之间相互依赖性的自荐方法。

本书也不包含针对 CL2 或 CL3 在市场上现有的具体软件工具的适用性或优
缺点的讨论。工具是流程的"服务者"，它们不是流程设计的先决条件。另外，
工具的选择也依赖于具体场合，而且是主观驱动的。因此，我将仅限于讨论软件
工具的属性和可能性，以说明对工具的具体建议只有在能够实现自动化的情况下
才是有意义的。

相应的，书中也没有引用或参考 ISO、IEC、IEEE 标准等内容。这些与 Au-
tomotive SPICE 一样抽象，对深入理解没有什么帮助。

Automotive SPICE 是 ISO/IEC 15504 – 5：2006 的衍生产品。在本书出版时，
ISO/IEC 15504 尚未完全被其修订版 ISO/IEC 330xx 所取代。因此，对于书中的
评估人员须知和附注，是参考了 ISO/IEC 330xx 部分以及 ISO/IEC 15504。

本书的内容可追溯到 2009 年"SPICE 日"大会的教程［Metz 09］。2016 年，
在本书定稿期间，VDA/QMA 工作组 13（AK13）开始为 Automotive SPICE 3.0 制
定解释指南（VDA 蓝金皮书）［VDA_BG］。我有幸加入该工作组工作，提供了
本书的草稿供 AK13 参考。对成书中增加的内容我添加了备注，说明哪些地方参
考了 VDA（德国汽车协会）未来的蓝金皮书（BGB）。

第 2 章　书中相关概念解释

由于在第 4 ~ 6 章会经常提到一些概念和术语，因此在此先介绍一些重要的概念和术语，更多的术语将在附录 A 中解释。

2.1　产品线

这个词在国际上没有统一的理解。在本书中，它代表了一个包含标准产品文档的产品类别，这些文档涵盖 V 模型各个层面，互相之间可以追溯。一个产品线既可以存在于系统的层面上，也可能只存在于软件层面上（参见标准软件组件）。这里的标准产品文档包括系统、硬件和软件三个层面的以下内容。

- 需求和测试案例以及它们的检查证明（比如评审中的审查等）
- 架构和集成测试案例以及它们的检查证明
- 组件设计和测试案例以及它们的检查证明

除此以外，在系统层面还包括：

- 包含预先建模的故障网络以及发现和避免措施的产品 FMEA

在软件层面还需要：

- 源代码和它的检查证明
- 单元设计和它的检查证明
- 软件单元测试案例和它的检查证明
- 静态软件验证准则

在硬件层面还有：

- 电路设计/电路图，以及其设计指南和相关检查证明

以上标准文档已在 V 模型所有层面上，考虑了典型客户需求和技术必要性，统一组织了变型。例如，自动后舱盖可能有以下变型：

- 如果从车辆的机械和结构角度来看，侧向剪切区域确有危险，则在这些区域增加防夹保护条（技术上的必要性）。
- 技术实现上：电动机驱动有单轴驱动或双轴驱动两种选择，用于打开和

关闭汽车后舱盖（根据客户需求选择具体技术实现）。

变型的有关信息涵盖需求及其后续所有文档，即从系统需求到体系结构和设计，再到软件源代码和硬件电路设计。具体可以通过以下方式：

■ 在需求层面上通过属性化实现。

■ 在软件设计层面上，比如，通过 SysML 的构造型（Stereotype）、标记值或专门用于变型的整个 SysML 模型。

■ 在源代码层面通过以下方式实现：

● 预处理程序命令，例如 #define 和 #ifdef（对于编程语言 C）。

● 各种静态软件库。

● 标定参数（calibration parameters），借助参数文件或诊断作业可以打开或关闭功能，或者可以影响非功能性性能。

■ 在硬件层面上，通过图纸和零件清单上的信息来实现。

某项目通过加入新的具体的客户专用产品而扩展了产品线。

1）首先选择一个变型。

2）对这个变型进行有针对性的修改。

反过来，某客户特定产品特性中有用、有益的变化，或者从测试和验证获得的结果以及现场测试得到的经验，将会以变型或者改变个别需求和源代码等的方式吸纳到产品线中。

结论

■ 因此，产品线意味着工作产品的系统化和集体化的再利用，而不是简单的个别方面的机会主义式的再利用［Clements & Northrop 02］。这种形式的重复使用使得产品更加同质化，从别人的错误或成功中不断学习而提高质量，同时使产品开发更经济。

■ 产品线方法也需要专门的专家或小组对其进行维护，为项目提供咨询。如果没有专人负责，各个项目的项目人员在时间上和逻辑上很难掌握其他所有项目的情况，这就很难共同创造并维护产品标准。

2.2 标准软件组件

这里所说的标准软件组件是指仅含软件组件的产品系列（关于软件组件和软件单元的区别，见 5.6 节附注 11）。

一个标准的软件组件不仅要满足其技术功能和技术算法的要求，还必须给出对其他软件组件的接口要求。这些接口要求规定了与其他软件组件如何连接或集成，是软件－软件集成测试的基础（图 2-1）。

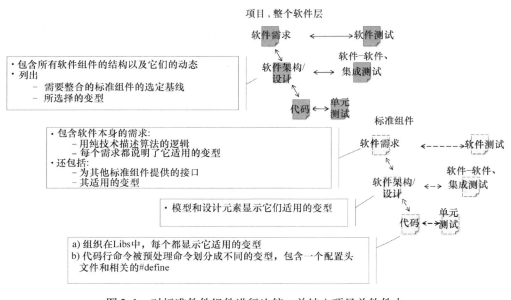

图 2-1　对标准软件组件进行比较，并纳入项目总软件中

示例 1

■ 基础软件（Basis – SW）的软件组件规定了应用软件（Application – SW）的初始化方式。

■ 应用软件组件也对基础软件组件提出要求，例如信号的分辨率必须是多少。

■ 软件组件"霍尔传感器（Hall – Sensor）评估"告诉软件组件"NVRAM 管理器"，后者必须在什么时候、向哪个位置去保存或加载多少字节的信息。

2.3　模块

类似于产品线，一个模块中也包含变型及其说明，选定的变型不得再修改。

2.4　接管项目/接管开发

对以前项目的产品及其产品文件进行接管，不做任何改动或只做小的改动，例如纠正错误或根据客户的具体情况调整用户界面（例如通过 LIN、CAN、FlexRay 或 MOST 与车辆环境进行通信）。这里不涉及产品线和模块。

2.5　系统工程师

尤其在机电系统开发领域，系统工程师不是只考虑所有接口，把独立开发的机械、硬件和软件部件组合起来，而是更多。

示例 2

■ 要想做好车窗升降器的防夹保护功能开发，必须保证车窗在车门中的物理位置与软件通过电动机转速计算出的位置一致。但由于机械磨损、环境条件和用户操作车窗行为的影响，软件中计算的位置与实际位置相比，随着时间的推移，会发生偏差。

示例 3

■ 如果电子器件上的时钟信号一直都有偏差，那么车窗升降器的电动机转速将被软件误读，从而导致对汽车实际车窗升降力的错误解读，最终导致防夹保护出现得过早（质量问题）或过迟（产品安全问题）。

为了防止这种缺陷，需打破不同领域的隔离（通常因组织上的分割或者没有设置项目组织更加剧了隔离），加强合作。作为技术项目经理的系统工程师需从机电一体化或电子化的角度全面制定出需求，主持系统设计，从机械设计、硬件和软件开发的各个领域确保整体技术的实现，同时还需考虑存在的产品线和标准组件（见上文）。

在不希望成为或不能取代分领域专家的情况下，系统工程师必须在其专业产品领域内，对以下领域有一定程度的具体了解，具备相关机电一体化或电子学方面的能力，比如：

■ 机械设计和结构
■ 电动机设计和电动机类型
■ 电子和嵌入式软件的设计和架构
● 例如，半导体与继电器解决方案
● 了解 EMC 抑制和 ESD
● 装配和连接技术
● 产品的软件功能
● 应用参数（校准参数）的知识
● 通信和诊断接口
■ 物理接口

- 电动机的机械部分
- 电动机的电子部分

2.6 质量门/阶段门评审

这里的质量门是指产品开发流程（PEP）中在一个项目的每个阶段结束时的委员会会议，参与该会议的人员来自以下不同管理职能部门：

- 质量管理（通常主持会议）
- 测试
- 研发（机械、电子、软件）
- 生产计划
- 财务监控
- 采购
- 产品管理

与质量一词相对应，质量门代表的是一个审控委员会，监控项目中需要控制的各个方面。质量门会议上，项目经理需要对项目的时间计划、技术进度、成本和风险方面的项目状况进行评价；除了通过直线领导和项目领导层级升级之外，这也是项目经理另外一个升级途径。委员会对这些信息进行检查，并在必要时作为管理层发布信息，批准该项目进入下一阶段继续实施，或者正式停止项目的继续开展。

2.7 用例

用例（Use Case，UC）是一个概念，用于：

- 确定系统的需求，即它不是系统的设计活动。
- 对所发现的需求在文字上进行结构化处理，并借助用例图（use case diagram）进行进一步形象概述。

作为确定需求的一种方法

人们从所考虑的系统（参考系统上下文）之外的执行者的角度出发，询问这个系统为执行者提供了哪些自成一体的、面向目标的服务（用例）。用例（UC）提供的结果，必须为执行者在技术上带来收益。为了让用例（UC）实现其目标，必要时系统会与执行者进行交互。

采用执行者的概念有以下优点：例如，即使大家都熟悉一个现代文字处理软件，也比较难快速地对"它必须有什么功能？"这个让人不知所措的问题给出完整的答案。如果你依次询问不同角色（即执行者），比如："图书作者、研究生、私人等对此的期望是什么……?"就可以更快、更直观地得到想要的结果。

作为一种需求结构化方法

在需求规范中，用例（UC）可以采用以下结构作为单独的一章来描述。

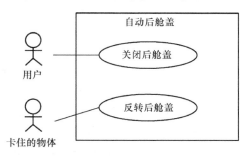

图 2-2　自动后舱盖的两个用例

■ 名称：

用例（UC）名称是一个简单的句子，从执行者（而不是系统）的角度描述业务服务目标，见图 2-2 所示的例子。

■ 触发：

那些可被系统检测到的事件（事件在时间上是没有延伸的），其目的是为了触发用例（UC）。它们可以来自执行者，也可以来自系统内部，如一个周期或一个特定的日期和时间。例如：

- 用例（UC）关闭后舱盖。
  用户要求关闭。
- 用例（UC）反转后舱盖。
  检测到关门阻力。

■ 前提条件：

当一个用例（UC）被触发，要启动时，必须按时间顺序依次存在哪些系统状态（也就是说不是执行者或系统上下文关系中其他组件的某一单独状态，而是几个时间上有联系的状态）？例如：

- 关闭后舱盖用例（UC）：
  后舱盖不在关闭位置，也没有存在卡滞情况。
- 反转后舱盖用例（UC）：
  后舱盖未处于关闭位置。

■ 交互作用的主路径：

它指最常见的交互步骤路径，由此实现用例（UC）目标，并产生成功的结果（见下文）。一旦前提条件满足就被触发，例如：

- 后舱盖例子中不存在主路径。有关的例子如，在导航系统中设置目的地。

■ 交互作用的辅路径：

替代的交互路径，它可能实现用例（UC）目标，也可能导致目标失败，从而导致用例终止。

9

在后一种情况下，产生失败的结果。例如：

- 用例（UC）反转后舱盖，形成了一条关闭后舱盖的辅路径。
- 用例（UC）后舱盖反转：
  不存在辅路径。

■ 成功的结果：

用例（UC）目标取得成功，产生结果所获取的技术上的性能。例如：

- 用例（UC）关闭后舱盖：
  后舱盖处于末端位置并被锁定。
- 用例（UC）反转后舱盖：
  后舱盖在 x 秒内在逆关闭方向移动了 x 厘米，保持不动，不在末端位置。

■ 失败的结果：

在用例（UC）目标失败和终止的情况下，获取技术上的性能。例如：

- 用例（UC）关闭后舱盖：
  后舱盖在关闭方向上移动了 x 厘米，保持不动，但不在末端位置（例如，因为检测到的夹滞事件阻止了进一步关闭）。
- 用例（UC）后舱盖反转：
  不存在失败的结果。

正如［Umbach & Metz 06］所解释的那样，用例（UC）在文献中并没有被看作是一个概念，而往往只是作为一种图形符号。因此，它们往往与系统内部流程（如公司的业务流程或技术产品中的软件和硬件组件的影响链）无法区分开。但实际上，用例（UC）和其系统内部流程描述的要建模的系统的不同视图［Umbach & Metz 06］是不同的（图 2-3）。

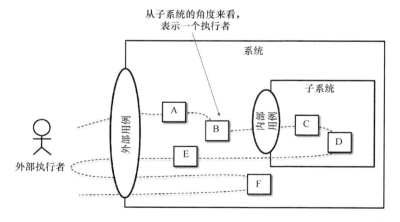

图 2-3　用例（UC）和其内部流程的划分。外部用例（UC）的技术性能是由其内部流程通过要素 A 至 F，以及与外部执行者相互作用来提供的。元素 B 又代表子系统的执行者，为其提供内在的用例（UC）

- 用例（UC）描述了系统上下文关系中的执行者对系统的期望。因此，用例也清晰地划定了系统边界。
- 系统内部流程代表了如何实现用例目标的解决方案。

以上划分独立于要建模的系统类型，适用于各个系统层。它不同于白盒和黑盒建模的区分。对于执行者来说，如果技术上必要，一个用例（UC）中可以包含一个白盒模型。例如，一个在线客户在互联网上购书时，必定知道，销售公司对他进行信用（Schufa）查询。

第3章 理解能力级别从0级到5级

3.1 动机和简短的历史描述

今天，产品开发越来越多地在分布式环境中进行，并且有专门的供应商。客户对这些供应商的选择有一系列评估标准，包括技术、经济、采购策略以及流程成熟度各个方面的要求。流程成熟度之所以成为选择标准之一，是因为建立在最新技术上结构化并可控的过程，不仅降低了产品中系统性错误的概率，并且使准确估算更为经济和有计划。

基于以上原因，在20世纪80年代，专家们对技术和商业上成功的工业项目进行了分析，将它们的特点和原则抽象并总结在流程评估模型中，比如CMM®、CMMI®（由美国卡内基梅隆大学软件工程研究所定义）后来的ISO/IEC 15504/SPICE（源于欧洲）以及Automotive SPICE（特定领域的衍生产品，汽车行业专用的SPICE模型）。

3.2 流程概念的三个抽象层次

流程概念常被误用甚至滥用，为了更好地理解这个概念，将其抽象[⊖]成三层（图3-1）。

有效的产品开发在"做"这一层进行。写下经验和指南意味着创建一个"怎样"层。特定的"怎样"层只适用于创建它的特定组织环境中：A公司的"怎样"层不一定适用于B公司，因为B公司的流程、工具和文化等和A公司不同。然而，可能的是，比如两家公司，按交货需求来版本化工作产品，生成相应的变更需求等。恰恰就是这些抽象的期望作为原则书面记录在"什么"层，由项目或企业决定"怎样"层的具体实施。流程评估模型位于"什么"层。这一层除了用于定义"怎样"层的"理解框架"外，它的那些原则还可用于对公司

⊖ 这三个抽象层次之间并没有严格的黑白界限，也没有正式的科学的正确分类。重要的是，"流程"的概念确实有抽象层次，在评估员培训中证实，抽象后有助于理解。

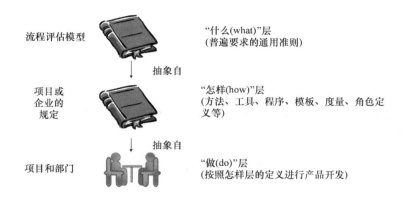

图 3-1　流程概念的三个抽象层（根据［intacsPA］，图片来自［Besemer et al. 14］，该图片也免费用在 Automotive SPICE v3.0 PRM 和 PAM 文档中）

或项目进行比较。比较的原因是，例如，选择供应商或组织本身希望确定内部流程改进是否已经生效。

为了使这些比较更详细，从而更具信息性，包括 Automotive SPICE 在内的所有 SPICE 模型都将这些原则组织到一个二维结构中（图 3-2）。

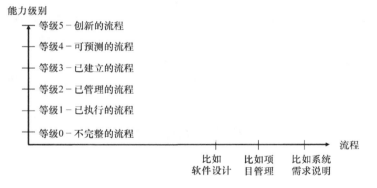

图 3-2　ISO/IEC 33020 和 ISO/EC 15504 中的两维结构

■ 流程：

在流程评价模型中，流程将按主题，比如项目管理、系统需求分析、配置管理、软件设计等，分别在不同的章节中描述。

■ 能力级别：

每一个流程都可以在 6 个不同的级别上实施。通过评估检测产品开发是否符合"什么"层定义的原则，由此推导出，每个流程的运行水平处于 0 到 5 哪一级。

有关能力级别的详细说明，请参阅下一章。

3.3 能力级别 0 级到 5 级

3.3.1 能力级别 0 级：不完整的流程

流程目的没有实现。单个流程期待的结果完全没有生成，或者只有部分生成，或者生成的结果在技术上和专业内容上不可用。

3.3.2 能力级别 1 级：已执行的流程

简释

流程目的以任意一种方式得到实现。也就是说，满足流程目的的必要结果在技术上和专业内容上有用，但不是以结构化、可控的方式生成这些结果。

进一步解释

所需的结果在内容上是完整的，在内容上是可用的。然而，在这一过程中，例如，由于信息缺失、能力和责任不明确，总是需要太多时间协商。培训和资格认证通常不针对员工的任务和/或不及时。因此，流程的成功通常只有靠"英雄"和"消防员"才能实现，这样非常危险，这些人终将被耗尽、失去动力，长久下去甚至失去对企业的忠诚。成功在很大程度上取决于个人。这意味着，与能力级别 2 不同，能力级别 1 级的流程成功原则上是随机的，在其他条件下不能复制。

3.3.3 能力级别 2 级：已管理的流程（有控制地执行）

简释

为达到流程目的，不管是流程结果的生成方法，还是生成内容的质量，都有预期的目标（Soll），并对实际实施（Ist）进行控制以达到目标。每个项目中都是如此，但使用方法不同。

进一步解释

应对（部分）结果提出预期（完成时间和/或支出限制和/或使用的方法），同时明确团队成员之间的职责和职权，任何事情都不会重复或忘记。不再多花时间在不必要的活动（搜索联系人、工作结果或信息，一再纠正相同的错误等）上。及时完成员工的必要资格认证。建立了对结果的质量标准和对版本、存储、配置管理、访问权限等的规则。及时确定、采购和提供满足所有期望所需的资源（包括员工、工具以及物流、预算和基础设施等资源）。

对以上所有预期目标与实际实施进行比较，并在出现偏差时进行调整，即以质量为导向进行控制。因此，流程文化已经从奖励"英雄和消防员"转变为奖励那些默默无闻的员工们，他们哪怕在巨大的工作压力和负荷下依然能有条不紊地合作，并取得成功。

3.3.4　能力级别 3 级：已建立的流程（标准化和定性改进）

简释

在项目和/或部门之间以统一的方式有条不紊地达到流程目的。这意味着，不仅流程输出结果的生成方式，以及结果的质量目标都实现了标准化，而且对实际状态进行控制以达到目标状态的方式也实现了标准化。除此以外，通过一个长期有效的、定性的控制回路不断改进现有的标准流程。

进一步解释

对所观察的流程，行业中有一些规定的方法和标准的技术实施程序。这里是一些方法和实施程序，而不是一个方法或实施程序，因为流程可能需要不同的标准实施程序，这取决于项目规模、客户或产品系列、安全相关开发以及非安全相关开发的区别等。这些标准实施程序是跨项目商定的，它们可以而且应该能够通过剪裁适用于特定的项目。也就是说，标准原则上只能是某一特定情况的抽象。

标准实施程序要求开发项目和组织中的流程执行者向流程作者提供反馈，根据反馈不断改进并推广。因此，项目受益于制度化不断积累的积极经验，避免重复他人犯过的错误。基于相同的工作方式，员工能迅速适应新项目并重复使用工作成果内容（比如，通过产品线方法），可缩短时间并提高成功率。

流程成功不再取决于个人，个人经验得到普及，成为企业财富。遵循效用驱动的工作方式成为一种企业文化。因此，能力级别 3 级不是单个项目，而是一个组织的能力属性。

3.3.5　能力级别 4 级：可预见的流程（定量预见）

简释

能力级别 3 级以上，标准流程执行可以定量测量。对历史数据的分析显示"哪些数字是正常的""哪些数字超常（超出正常偏差范围）"，对这些值进行主动干预，支持公司完成业务目标。

进一步解释

能力级别 3 级以上，因为工作方式相同，使得在组织和管理层面上有可能对不同项目或部门的流程执行的测量值/参数进行比较。

企业管理层要求从流程执行中获取业务目标驱动（例如，经济效率的提高）的信息（例如，丢弃的结果的最大值，大部分时间花在哪里）。通过设立度量（公式）来获取这些信息，根据这些度量，项目和部门搜集数据（参数）并存档。通过对存档数据的统计分析，可以识别并确认正常值和不可接受值的边界。对于每个流程执行中超出边界值的情况（引起偏离的特殊原因，请参见图 3-3）分别进行因果分析，采取相应措施，使其恢复到允许的范围内（图 3-3）。

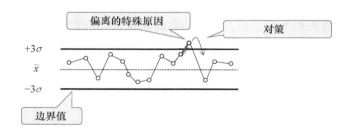

图 3-3　偏离的特殊原因

这意味着，能力级别 4 级（CL4）通过历史分析的定量指标取代了直觉，这第一次让管理层对产品开发的实际情况有了更客观的了解，从而使应对更客观、更快。

3.3.6　能力级别 5 级：创新的流程

简释

能力级别 4 级以上（CL4），通过对标准化过程的定量测量，在此基础上决定了为什么以及在哪里改进标准流程。因此，与其事后主动对坏数据做出反应，不如通过提前有针对性的标准流程改进来避免坏数据的产生。通过对行业最佳实践和新技术的评估，进一步加强了这一改进。

进一步解释

为了进一步支持业务目标的实现，将检查所有执行过的流程在执行（同一流程）中边界值的偏差，确定造成该偏差的共同原因，改进标准流程（例如，采用其他资源，要求更好的资格认证，采用其他方法、新工具、重用等），从而在根本上消除偏差（图 3-4）。但是，流程改进不是万能的，不适用于例如客户的订单量减少、购买和销售价格变动等。在适合流程改进的情况下，流程改进后，测量数字会发生变化，由此可以判断标准流程变化是成功还是失败。

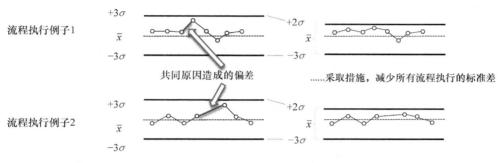

图 3-4　共同原因造成的偏差

此外，标准流程的改进不全是由定量信息推动的，也是新技能、最新技术和行业最佳实践的市场观察的结果。

3.4　认知

3.4.1　能力级别从 1 级到 5 级形成了一个从下到上的因果链

如图 3-5 所示，首先，在考虑有序的计划和控制，并以结构化的方式处理结果之前（能力级别 2 级：CL2），至少能先获得结果（能力级别 1 级：CL1）。否则，何谈控制和结构化？

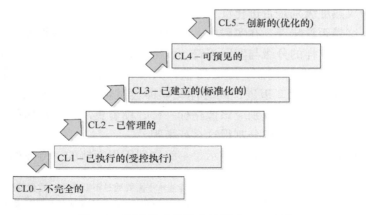

图 3-5　相辅相成的能力级别［intacsPA］

如果已经掌握了以质量为导向来控制结果的方法，你可以考虑项目和组织单位之间，通过分享共同的经验来相互学习（没有人具备所有可能的积极和消极经验），以达成共识并生成一个共同的，具体的"怎样"层，并一起维护（能力级别 3 级：CL3）。

只有使用类似的工作方法，项目间和公司内的指标和测量结果才具有显著的可比性。在此基础上，可以通过历史记录参数及其来源背景，从而识别出基于统计数据的边界值，据此判断当前参数会有什么影响（能力级别 4 级：CL4）。

如果我们已经可以评估当前的数据，判断它们的好坏，那么我们可以事先朝着避免坏数据出现的方向发展（预前干涉），而不只是事后的主动应对。预前干涉即有针对性地对坏数据的产生处进行改变（能力级别 5 级：CL5）。

3.4.2　能力级别从 5 级到 1 级形成了一个从上到下的因果链

自我改进的持续控制环（能力级别 5 级：CL5）应该是客观的，建立在项目和组织单位（能力级别 4 级：CL4）提供的历史分析数据库上。数据库的客观性要求数字具有可比性，因此，项目和组织单位（能力级别 3 级：CL3）必须采用类似的工作方式，这首先需要对项目管理和工作产品管理（能力级别 2 级：CL2）有一个切实的了解，而管理的意义在于，该流程能产生预期的结果（能力级别 1 级：CL1）。

3.4.3　能力级别是一组条件和一个测量系统

我们现在应该意识到，只有在下面的能力级别完全"运行"和制度稳定的情况下，才能明显看出更高的能力级别所带来的利益和好处。能力级别就是建立在这样一组先决条件上的。这些条件是流程评估（图 3-6 和图 3-7）的标尺，用以判断某个成熟度级别是否进化性⊖达标⊖，这点非常重要。

然而，这是否意味着，在实践中，一个流程始终处于或必须处于一个能力级别？当然不是，这样的分级与实践不符，太死板。因为：没有人真会这样安排："一开始什么都不计划和控制，随心所欲，只求得到结果！"另一个常见的反对意见是，如果你想向 CL2 迈进，同时你又立即尝试将其标准化，即把 CL3 也设为目标。但是，如果能力级别应该像路标一样，朝着更高的流程执行水平和学习水平前进，为什么要将它们分割得这么死板呢？

能力级别界定的唯一目的是显示每一级之间因果衔接的、专业的、实质的先

⊖ 进化性（Evolutionär）意味着，能力级别的专业水平需要通过不断学习，建设性地发展，而不是简单一次定义到位。请注意，这意味着流程文化的变化，在没有承诺的情况下也可能再次退化。
⊖ 评估只回顾某一个时间段，并对这个时间段的情况做出陈述，它不能也不允许对将来或者期望进行评估。

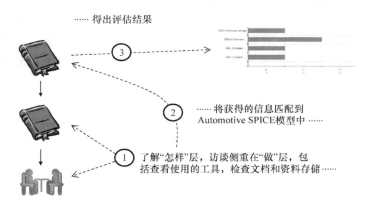

图 3-6 流程评估的思路 ［intacsPA］

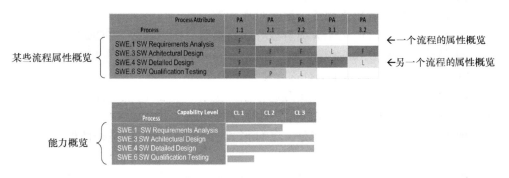

图 3-7 流程概览和能力概览的定义 ［intacsPA］

决条件，及可分解到每级的得益。因此，一项评估也将为你提供反馈信息，说明你处于哪个能力级别，具备哪些特征，达到何种程度[注]。最后提供给你问题的原因，即为什么尽管做出了许多努力，但事情并没有如预期那样运作的原因。Automotive SPICE 显示流程原则的因果关系，并为此提供测量标准。Automotive SPICE 不是流程改进项目或组织流程变更的具体操作实施指南。

3.5 SPICE 和 Agile 的争论

十多年来，关于流程评估模型（如 SPICE 或 CMMI）和敏捷（Agile）实践

[注] 这就是为什么在评估中不应"仅仅"因为较低的等级没有稳定达标，所以较高的等级"无论如何都没有可能达标"这一原因，中断或停止对较高等级的评估。这样不仅违反了 ISO/IEC 15504 和 ISO/IEC 33020 的要求，而且造成了被评估者的损失：如果评估的目标级是 CLn，即使较低能力级别中存在弱项，被评估者还是希望了解达标 CLn 的有哪些强项。

是否以及在多大程度上相互补充或矛盾，一直存在着争议和不确定，甚至近乎"宗教信仰之争"。为此，我和三位同事通过 intacs™ 发表了一份白皮书[⊖] ［Bese-mer et al. 14］。在这篇文章中，我们引用专业领域中的论文及其具体陈述，并提出我们自己的见解加以解释。

我们所引用的论文如下：
- SPICE/CMMI® 要求瀑布模型。
- SPICE/CMMI® 强制生成大量的文档。
- SPICE/CMMI® 意味着僵硬、不可变化的流程标准。
- SPICE/CMMI® 和敏捷的矛盾。
- SPICE/CMMI® 的命令和控制哲学与敏捷研发的不兼容。
- Scrum（XP 等）没有标准流程定义。
- 敏捷意味着省略文档或者根本没有文档。
- 敏捷研发无法应用于大项目或分布式项目，所以需要 SPICE/CMMI®。
- 持续改善是 Scrum 的一部分，所以 Scrum 至少达标 CL3，甚至 CL5。

在白皮书中我们阐述了为什么：
- 这并不矛盾，因为敏捷实践通常在"怎样"层，也就是说，比处在"什么"层的流程评估模型中定义的原则具体（对照图 3-1）。
- 因此，实际的问题只能是，某种形式明确的敏捷方法是否能够满足流程评价模型中的所有原则。
- 此外，在实践中，这不是一个对错问题，或者某一特定方法适用或不适用的问题，而是充分利用现有的国际流程和方法学知识，提供最有用和最有利的组合。

⊖ 白皮书是自由发表的专业见解，但是尚未由其他独立于作者的专家进行检查和评估，批准发表在行业杂志或会议上。

第4章 能力级别2级——对通用实践的实用解读

> **概念预述：其他流程中 CL2 与 CL1 的关系**
>
> **CL2 是根据观察预期和现实间的偏差来控制流程执行**
>
> PA 2.1
>
> ■ 控制始于 CL1 要求的性能产生的模式。因此，PA 2.1 与项目管理（MAN.3）、质量保证（SUP.1）等流程相关，即符合项目本身规定的方法，甚至与配置管理（SUP.8）有部分关系，因为所需的配置管理系统代表一种资源。
>
> PA 2.2
>
> ■ 控制流程的实际工作产品达到所需质量标准，因此这与质量保证（SUP.1）相关。
>
> ■ PA2.2 还控制流程工作产品的处理，因此也与流程配置管理（SUP.8）、问题解决管理（SUP.9）和变更管理（SUP.10）相关。
>
> 见 4.3 节中的一致性警示和评估帮助

提醒：在以下内容中，我们并没有严格按照通用实践（GP）的编号来解释，而是选择一种适于教学的顺序。

4.1 PA 2.1——执行流程管理

流程管理如图 4-1 和图 4-2 所示。

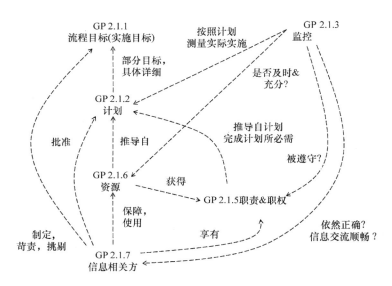

图 4-1　PA 2.1 所有通用实践之间的影响和联系

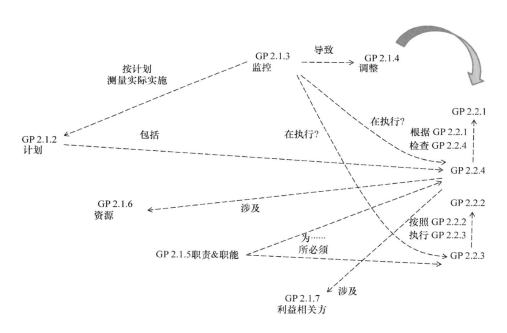

图 4-2　PA 2.1 和 PA 2.2 所有通用实践之间的影响和联系

4.1.1　GP 2.1.1、GP 2.1.2——流程目标和计划

Automotive SPICE 原文［ASPICE3］⊖：

GP 2.1.1：确定流程实施目标

流程实施目标是根据流程要求确定的。应定义流程实施的范围并在确定实施流程目标时考虑其前提和框架条件。

注 1：

流程目标可以包括：

- 及时建立符合定义的质量标准的工作结果。
- 流程周期时间和频率。
- 资源使用。
- 流程边界。

注 2：

至少应在资源、支出和时间表方面设定流程目标。

GP 2.1.2：规划流程的执行，以实现确定的流程目标。制订流程实施计划。确定流程的工作步骤。设置流程执行的重要节点。确定并维护预计的流程实施属性。确定流程具体行动。制定并审批流程周期时间表。计划对流程工作产品的评审。

关于 GP 2.1.1 有别于 GP 2.1.2 的解释总带来一些疑惑。实际上，往往会有这样的疑问："我已经仔细制订了计划，还有什么是之前未曾计划到的目标？"制订详细计划时，确实通常会不自觉地把目标考虑进去。同样，在给评估人员培训中，新手通常对于区别 GP 2.1.1 和 GP 2.1.2 感到困惑。

但是，我们先前已经声明，对于 GP 2.1.1 而言，有一点不属于有效的流程实施目标，即被考察流程所要求的包含足够内容的工作产品。原因是，这一点在 CL1 中实现流程目标已经是必需的。因此，不能在 CL2 上再次加进，否则两个能力级别在概念上会重叠，以至于不可能明确区分 CL1 或 CL2。

我作为评估员和培训师时，以下这些思考有助于区别和解释能力级别：

■ GP 2.1.1 鼓励保持期望。

■ GP 2.1.2 描述遵守期望值的细节或使其达到目标值的具体途径。

以下四项有助于进一步帮助我们思考，找到流程目标：

■ 节点时间、持续时间［Metz 09］［intacsPA］。

⊖　在本书的后续章节中，"Automotive SPICE 原文"标题下是作者对"Automotive SPICE［ASPICE3］"相关段落的翻译，建议阅读原始文本以对比。

■ 支出（工时、费用/预算）［Metz 09］［intacsPA］［ASPICE3］。
■ 绩效公式和目标值（Targets）［Metz 09］［intacsPA］。
■ 采用的方式方法［Metz 09］［intacsPA］。

下表进一步概述了以上四项的含义。为了更好地理解，也依次列出 GP 2.1.2 和 GP2.1.3 的相关信息。

1. 节点时间/持续时间	
GP 2.1.1 流程目标	目标节点日期，如项目里程碑、交付日期、质量门
GP 2.1.2 计划	制定节点之间的"详细途径"，因为大节点时间通常相隔甚远，需要生成给工作成果和行动的中间节点或给出时间段 在敏捷环境中，例如可以定义为周期性迭代（Sprint）计划的基础
GP 2.1.3 监控	在中间节点以及在时间段内调整工作内容和进展 在敏捷环境中，例如可以是迭代中的一个燃尽图（burndown chart）

2. 支出（工时、预算）	
GP 2.1.1 流程目标	例如工时、成本/预算的最小值、最大值或平均值这可以针对具体的时间段，如项目阶段或样品阶段，也绝对适用于例如预研开发项目 注：此类规定指的是正在考查的流程，而不是项目总体计划
GP 2.1.2 计划	将这些支出分解为行动任务、工作产品或组织单位，如组织上独立的基础软件开发部门，建立实用的、合理细分的支出记账科目，并由此计算成本
GP 2.1.3 监控	观察工时、分配的预算或成本的消耗情况，并与 GP 2.1.2 中的详细计划以及与工作进展进行比较

3. 绩效公式和目标值（Targets）	
GP 2.1.1 流程目标	举例 SUP.8： 在下一基线之前两个月，最多允许所有配置项中的 75% 处于工作状态（SUP.8） 举例 SUP.10： 项目中，每月最多允许 10 个未结案的变更需求（CR）
GP 2.1.2 计划	谁： ■ 在什么时候（节点日期或频率） ■ 以何种方式（方法和工具） 评估这些绩效公式以及把它们的实际值与预期值进行比较？
GP 2.1.3 监控	检查目标的实现情况，即按所要求的时间点或设置的频率打钩确认是或者否

4. 采用的方式方法

GP 2.1.1 流程目标	举例： ■ 采用功能点估测方法（MAN. 3） ■ 采用用例法收集和记录需求（SYS. 2，SWE. 1） ■ 源代码重构（SWE. 4）
GP 2.1.2 计划	所需资格认证和/或基础设施什么时候由谁如何准备好或外包？
GP 2.1.3 监控	通过 SUP. 1 的 BP3：确保对流程活动的质量进行监控，因为这个 BP 负责检查路程中定义的所有规则

这四项既不代表形式上的区分，也不代表科学上的分类，其目的仅仅是为了帮助实际思考。因此，如果在某一方面中出现四项中的几项（例如，计划要求绩效公式，也要求给出节点时间、按时间段制定的支出计划等），这都不是问题，相反是一种优点，因为这样就什么也不会遗漏了。在成熟的流程中，人们要系统地、全面地思考。在这方面，上述例子与 GP 2.1.5（责任）、GP 2.1.6（资源）或 GP 2.1.7（利益相关方）的联系或重叠也没有令人困惑的划界问题，而恰恰表明 GP 是如何交织在一起的。在评估中最终是评价整个流程属性 PA 2.1，而不是对每个 GP 分别进行评价。

评估人员须知 1

工作产品的质量不是 GP2. 1. 1 的绩效目标

在旧的 Automotive SPICE v2.5 中，纯实现工作产品的质量被作为 GP 2.1.1（"生成高质量工作产品"）的例子给出。这在语言上和专业上都不清晰，因为整个 PA 2.2 都是为此目的而存在的（见本章开头灰色框里的"概念预述"），流程属性（PA）之间内容不允许重叠。

实际意思应该是：符合质量要求的工作产品必须在某个时间点已经完成。如上所述，时间要求（含具体内容的进度）是 GP 2.1.1 明确的绩效目标。在 Automotive SPICE v3.0 中对此进行了修改，现在在 GP 2.1.1 的参考信息中称为"按时生成满足规定质量目标的工作产品"。

经常引发争议的是，点名要求特定员工参与工作是否可以是流程目标⊖。我不认为它是一个流程目标，因为仅要求某特定员工参与而没有给出进一步的绩效目标，并没有说明流程实施的期望值（GP 2.1.1 应该定义绩效目标）。这样一个流程目标即使很快就能实现，但是仅因为由于某个人而不是任何人而实现了 CL1

⊖　GP 2.1.1 的注 1 和 2 也建议，"流程目标可以是资源的使用"。

的目标，那这与 CL1 的区别在哪里呢？答案是不同能力级别必须在内容上有区别。

尽管人们可以反驳，在实践中当然会有更广泛的流程目标，但本书把指定特定员工的要求（以及对其他所有资源的要求）放在 GP 2.1.6 中进行评估。其原因是：

■ GP 2.1.6 是专门为资源问题设立的[⊖]。

■ 指定员工也可以被视为"资源的一部分"，以实现计划（GP 2.1.2）和实施目标（GP 2.1.1）。

GP 2.1.1 注 2 讲到：

"至少应该根据支出和计划时间表来设定流程目标。"

由此推论：这两类流程目标必须始终共存，这是曲解（英文原文中使用的是应：should，而不是必须：shall），也因为这一要求在实践中并不总是切实可行的。

示例 4

■ 作为提供内部服务的独立测试部门［例如，在 HiL（硬件在环）或目标系统上进行软件集成功能测试，或包括电气和环境测试的硬件确认（validation）］不能自行更改项目为测试期指定的开始和结束日期。因此，它不是为并行的测试安排同样多的员工和基础设施，而是将其外包，由此需改变支出，但要保证测试期预算变化结果在可接受范围内。所以在这里，我们的计划要根据支出而不是节点进行细化。

■ 对于一个以研究为导向的前期开发项目，支出通常比节点目标更为重要。而在客户产品的开发项目中，相比支出目标，节点目标更重要［通常内部必须接受例如因误算带来的支出增加，因为合同里已规定了交付范围和量产开始的日期（SOP）］。

评估人员须知 2

GP2.1.1：流程目标的类型不能由评估模型或评估者指定

GP 2.1.1 没有要求必须同时规定以下各项：

■ 节点。

■ 基于时间/预算的最小和最大支出。

■ 绩效公式和目标值。

■ 使用的某些方式方法。

⊖ 请注意：英语原文中用的是单词 may（对应可能或允许）。注释是补充信息性质，因此不作为给评估员的约束性评估基础。

　　按 CL2 要求，项目或公司部门始终有权自行决定制定目标的具体形式。原则上，任何人都不能规定这种形式。GP 2.1.1 中建议的四种类型（如节点、基于时间/预算的最小和最大支出等）的任何组合，或只用其中一项都是可以的。

　　但至少要有一项能证明给评估员看。评价 GP 2.1.1 时，评估员必须评估以下内容：

■ 实现这些目标的动机和直观合理性。

■ 目标颗粒度的合适程度。

■ 在不同目标组合的情况下，这些目标之间的一致性。

　　到此为止，粗略描述了四类流程目标。在进入第 5 章中的具体流程例子之前，提供以下信息对它们进行进一步的思考。

1. 节点日期和所需持续时间的详情

■ 时间点可以确定为某个具体日期或相对于某特定日期给出（例如，x 之前 6 周或最迟 y 之前 3 个月）。在汽车行业整车开发的里程碑中，将节点定义为零系列产品或 SOP 之前 n 周或月是常见做法。如果不想用项目管理工具来汇总，节点之间所需时间也可以如下给定：

● 仅表示完成工作的时间范围（如 3 个月内完成软件架构），也可以给定绝对工作时间（例如 6 月 1 日至 9 月 1 日给定 80 工时）。

　　我们可以将工作分解结构（WBS）集成到计划时间模板中，依次注明工作活动、其预期结果以及执行人。

　　根据 GP 2.1.1 中的目标节点进行趋势分析（类似于里程碑趋势分析）也很实用。

　　当然，每个流程不必有单独的进度时间表。不同流程的节点日期通常可以汇总在一个进度时间表中，例如所有 SWE. X 在一个时间表中。项目或标准流程自行决定进度表的方式，重要的是，时间节点等在某处有确凿的记载。

　　也不是所有的事情都必须通过计划时间表来管理。在项目手册或电子日历中计划的定期和基于事件的会议或电话会议，也是可以的。

　　流程范围的规划和整个项目规划也是一样的：不可能一步对整个项目从开始到结束制定出详细的规划，而是需要一个合理的提前规划期。具体规划取决于发布之间的时间间隔（见 4.3.2.3 小节—一致性警示 11），不能一概而论。

2a. 工时成本详情

　　工时支出可以分为两部分：

■ 绝对时间支出（如小时、天）。

■ 小时工作量/天工作量/全时工作量（Full Time Equivalents，FTE）。

例：1.5 FTE 可以是一个员工 100%，两个员工各 75% 或三个员工各 50% 的工作量。

给定最大或平均支出的一个例子是接管项目，接管量产产品的产品文档并进行一些小的更改。除了修正错误之外，还要调整如特定客户的操作界面，通过 LIN、CAN、FlexRay 等与车载系统环境的通信。为了最大限度地提高利润率，希望开发支出不要超标（当然，这需要软件具有模块性和可移植性，这一话题将在 4.2.1.2 小节 质量标准章节里有关 GP 2.2.1 讨论到）。

评估人员须知 3

GP 2.1.2：计划给定工时而不是实际预期工作量

在评估中询问以下问题：

在计划人力支出时，常常按员工的合同工时数（如劳动合同或劳资协议中所定义的工时），而不是按真正专业或技术所需的工时数制订计划。

示例 5

根据劳动合同，员工 Karlheiz 每周工作 40h。他是项目中唯一的软件开发人员，因此根据任务时间 8 周，计划他的工作量为 8×40h，总计 320h。但如果按软件需求内容推导，他的工作量应为 480h。

请参考减分原因 5（4.3.2.2 小节）。

评估人员须知 4

GP 2.1.2：纯政策性的支出目标

在评估中询问以下问题：

在组织单位层面，为了不减少下一年的预算，常有意把本年度的剩余预算花掉。这意味着，这些计划的支出没有建立在真正的纯专业或技术的基础上。

请参考减分原因 6（4.3.2.2 小节）。

在 GP 2.1.3 中，以项目编号、订单号或结算单位这样的颗粒度记录的实际支出，通常是不可接受的。虽然从公司财务监控的经济角度来看，这种颗粒度可能足够了。然而，Automotive SPICE 在流程层面提出了这个问题，这需要比项目编号和结算单位更细的颗粒度。

可以说，在矩阵式组织中，员工在项目上入账的工时当然是明确分配给某项任务的，即与其部门职能相对应的活动。但是，只有当他在同一项目中不执行任何其他任务，这一点才适用。

示例 6

■ 隶属于直线组织单位的员工 Karlheinz 以 100% 的工作时间在项目 P1 和 P2 中作为独立软件测试员工作。因此他的人力支出计入两个项目成本中，对应 P1 和 P2 的 SWE. 6。

■ 但是，如果他离开 P2，担任 P1 中软件项目经理的角色，就不易再追溯出 P1 中的哪些任务是 SWE. 6，哪些是 MAN. 3。

在实践中，一个有意义的记账颗粒度并不符合 Automotive SPICE 流程要求的颗粒度，因为它们的结构在原则上是"任意的"，不能预测更不能规定单个企业或项目的需要。因此，GP 2.1.1 中的注 1 "流程目标可以是……流程边界"可以理解为它的字面意思，而不作其他解释。此外，如此细分的支出记账太麻烦，员工难以接受。

我们必须思考以下问题：我将记录哪些费用，为什么以及要从中得出什么结论?[注]基于此，有意义的费用记账项目可以是（如可行，再按系统和软件层面做进一步区分）：

示例 7

■ 需求　　　（SYS. 1，SYS. 2，SWE. 1）
■ 设计　　　（SYS. 3，SWE. 2，SWE. 3）
■ 质保　　　（SUP. 1，GP 2.2.4）
■ 测试/验证（SYS. 4，SYS. 5，SWE. 4，SWE. 5，SWE. 6，SUP. 2）

这样划分的目的，比如就是要找出质量保证工作是否会使测试和验证的人力支出减少（希望如此）；或者是分析设计的人力支出与需求分析的人力支出之间关系，以及需求分析的人力支出与测试/验证之间人力支出的比例关系是否合理。

对于 SUP. 8、SUP. 9 和 SUP. 10（SUP. X）来说，建立一个共同的记账项意义不大。对于支持流程例如 SUP. 8，不能因为在项目进程中预算快用完了，就停止配置管理的检入检出（check in/out）和建立基线。对于 SUP. X，给定节点（如 SUP. 8 的基线期或 SUP. 10 的 CCB 会议频率）又有了意义（详情见 5.15.1 小节）。

○　这实际上展开了关于 MAN. 6 流程的讨论，它超出了解释从 GP 2.1.1 到 GP2.1.3 的目的，但是我觉得有助于理解。

评估员的任务是将被评估者（项目和组织单位）的支出目标和颗粒度映射到 Automotive SPICE 的流程中，而不是要求项目和组织单位这样做。但是，被评估者必须向评估员证明，你已经明白流程是需要控制的"活的实体"。这包括能够向评估员证明支出项颗粒度的选择是合理的。

结束支出（工时费用）话题时再提一下估值数据库的建立。

附注 1

估值数据库的建立

设定目标和计划并对其进行监控，以便可以在必要时进行调整，那么这种调整也意味着从原来的错误判断中学习。以这种方式创建的估值数据库，是一种使本公司在未来计划中如何从经济角度出发运作，尽量接近实际的方法。因此，应尽量建立估值数据库（请参见 4.3.2.2 小节减分原因 7）！这些既取决于上面讨论的支出的记账颗粒度，也应该是基于属性的。在这里属性表示同一产品系列（例如关闭系统）中的各个方面。

示例 8

■ 产品变型（比如带有一个或两个执行器的行李舱系统或后舱盖）
■ 通信复杂程度（比如分散、局部）
■ 创新级别（特定客户项目与接管项目）
■ 安全级别（比如 ISO 26262 的 ASIL 等级）
■ 科研导向的前期开发与标准产品开发（例如，使用电容式传感器技术代替触觉式防夹保护条的新型间接防夹保护装置）

以上属性员工可能觉得其复杂，但它不是子记账科目，而是创建项目时在使用"人力费用记账工具"应指定的属性（工具可配置属性）。

然后，员工就可以根据上面讨论的记账项记录工时。

在创建未来项目时，评估这个随时间而建立的数据库，并将其纳入当前的计划中。请注意，评估项目和新项目的属性必须具有可比性，例如，员工按记账项记录工时支出并注意下列不同项目的需求。

■ 项目 1
（分布式，安全级别 ASIL A，标准开发）
■ 项目 2
（局部性，安全级别 ASIL A，新传感器的前期开发）

很明显，项目 1 的人力支出记录不能用于估算项目 2。

如此，就创建了一个具有代表性数字的客观的数据库。

2b. 基于预算/费用的支出详情

通常使用由公司财务监控部门给定的分配方案（如雇佣合同或工作类型），按花费的工时（见上文）计算相关大类费用。费用是同一支出的另一种表达方式。费用一般为设立预算目标的基础。

前面我们在工时支出中所看到的，同样适用于颗粒度：在实践中，它绝不是完全符合 Automotive SPICE 的要求才有意义。

3. 绩效公式和目标值（Targets）

为了区别于软件实现中常用的"度量（Metric）"概念，这里可测量的期望值被称为绩效公式。它不是以节点、持续时间或支出的形式，而是一种计算规则的形式。一个绩效公式也可以涵盖几个流程，但并不一定总是如此。

下面的简化示例包括 SUP. 8 和 SWE. X：

■ 在下一基线前 3 个月，所有配置项中最多 20% 处于"在处理中"状态或"在评审中"状态。

MAN. 3 项目管理流程中的一例：

■ 给定每个时间段内开放点清单（open points list）中某种状态下（例如开放、处理中）各优先级别条目的允许数量。

4. 采用的方式方法

确定要使用的方式方法，实际上并不属于 CL1 范畴，因为 CL1 仅通过是否获得足够需要的结果来衡量成功与否，只要确实达到了流程目的即为成功，不究过程。

如果此流程没有标准化或者标准化不适用，则将对某些方式方法进行规范化或限定。但是，如果这个流程有标准并且被遵守，那么流程目标即"要采用的方式方法"就自动给出并实现。由此可以得出以下正确的结论：

■ 要求遵守标准流程（或对其有效剪裁）是一个流程目标。

■ 除了方式方法外，标准流程还必须规定所有有意义的流程目标类型（见6. 1. 1 小节），确定项目的具体节点日期和数据。

评估人员须知 5

GP 2. 1. 1 中定义的方式方法并不代表基于 CL3 意义上的标准流程自动存在

若没有标准流程，项目将创建自己的规范，包括方式方法。如果这些都证明是好的和行之有效的，当然会"自动"应用在其他项目上，因为这些开发人员也会在其他项目中工作。

这并不自动意味着达到 CL3，因为流程的标准化必须经过组织上的同意和制度化，以便：

■ 保证所有的项目都遵循该流程。

■ 真正存在一个有效的经验反馈机制。

结论

所有计划都需要记录在案，即保存在头脑里的计划是不可行的；又比如，在白板上描绘计划也不可能达到目的，除非你办公室里有上百块白板并且在项目期间从不把任何记录抹掉。

在实践中经常容易忽略一点，那就是始终与项目成员一起制定并在组织单位里或利益相关方代表之间（参照 GP 2.1.7）协调所有计划（无论是在进度表中还是在其他文档或通过其他方式）。

记住：流程目标和详细计划不仅仅指 CL1 要求的所有结果和活动。GP 2.1.1 和 GP 2.1.2（图4-3）还必须包括 PA 2.2 的所有任务和活动（见 4.3.2.2 小节减分原因 8）！

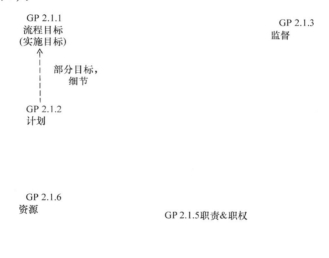

图 4-3　GP 2.1.1 和 GP 2.1.2 的关系

4.1.2　GP 2.1.6——资源

Automotive SPICE *原文*［ASPICE3］：

"GP 2.1.6：确定资源，准备和提供资源，以便按计划执行流程。确定、提供、分配和使用实施该流程所需的人员和基础设施资源。执行和管理流程的人员要参加培训、接受指导或辅导使其能胜任其职责。应确定并提供执行流程所需的信息。"

这个 GP 中，经常犯的错误是把人力资源视为唯一资源。这不全面，资源应包括：

- ■ 点名指定合格的内部和外部员工。
- ■ 预算（见 GP 2.1.1 和 GP 2.1.2）。
- ■ 业务信息（英文 non‐tangible work products，非有形工作产品）。
- ■ 基础设施，即工作环境和设备，如
- 原材料、设备等[⊖]
- 装备齐全的工作场所
- 软件工具、示波器、烧录盒
- 软件工具许可证
- 试验台、试验区等基础设施

除了分配任务（见 GP 2.1.4），人力资源中还包括职责和职权。

注意：资源不仅适用于 CL1 要求的所有结果/活动：GP 2.1.6 还必须提供 GP 2.2.3 和 GP 2.2.4 要求的所有资源（见 4.3.2.6 小节减分原因 20）！

所有资源必须在计划（根据 GP 2.1.2）要求的时间点及时提供。但这并不一定意味着从一开始就要准备好。另外，及时性不仅指资源到位，还包括参与该流程的员工具备相关资格认证（从 Automotive SPICE v3.0 开始明确要求了），否则他们将无法行使其职责和职权（见 GP 2.1.5）（见 4.3.2.6 小节减分原因 19）。

除此以外，及时性还暗含着其他一些东西：提供（合格的）资源可以是动态的。如果流程目标（GP 2.1.1）和计划（GP 2.1.2）发生变化，则资源预估将发生变化。还包括对在什么时候为什么不必提供资源的反应。

员工的深造/资格认证/培训还可以包括其方式方法：

示例 9

- ■ 企业内培训。
- ■ 企业外培训。
- ■ 培训师计划。
- ■ 指导：即在实际工作中为员工指派有经验的人员，对其实际工作进行协助、讲解和建议。这种技术知识转让可通过内部同事或外部顾问进行。
- ■ 计算机支持的学习（基于计算机的培训、电教学、多媒体教学）。但请注意：这仅适用于支持人际沟通，而不是取代人际沟通！

⊖　Automotive SPICE v3.0 通过插件概念提供了集成机械和硬件流程的可能性（见附件 D.1）。

人力资源与 GP 2.1.7（图 4-4）利益相关方管理的区别，请参见 4.1.3 小节评估人员须知 7。

评估人员须知 6

GP 2.1.6 员工资格认证的可能性

CL3 意义上的标准流程自动存在

人员资格认证方法可以是示例 9 中所列举方法的组合。同时参见减分原因 19（4.3.2.6 小节）。

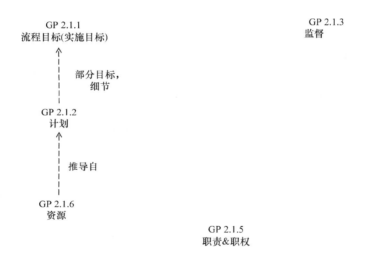

图 4-4　PA 2.1 中与 GP 2.1.6 的关系

4.1.3　GP 2.1.7——利益相关方管理

Automotive SPICE 原文［ASPICE3］：

"GP 2.1.7：管理各参与方的接口。确定参与实施该流程的人员和团体。将责任分配给各参与方 ⊖。管理各参与方之间的接口。应确保各参与方之间的有效

⊖　参与方可以是个人也可以是团体。

沟通。"

附注 2

首先 概念解释

在 Automotive SPICE 模型中，使用"参与方"一词。CMMI 始终使用术语"利益相关方"和"相关利益相关方"。在我看来，CMMI 中这种区别的目的是确保必要的信息流和交互，但同时又不让太多人参与"搅乱一锅粥"。

在本书中，根据 CMMI 定义使用以下术语：

■ 利益相关方

用于描述与某一流程有关的利益相关方、个体群或个人的术语，例如需提供输入或接收输出、愿意或必须提供需求规范；在他们的任务中，他们直接或间接地与流程结果相关，或甚至必须为部分或全部流程结果进行辩护。

■ 利益相关方代表

从具有决策权和投票权的各利益相关方中选出的代表。

在解释 GP 2.1.7 时，应注意以下几点：

■ 命名每一利益相关方代表。

■ 命名每一利益相关方代表的代理人。

■ 利益相关方代表的职责和职权必须明确定义。

■ 他必须参与什么决定；对于计划和需求的批准，他必须有投票权以及必要的签字权。

■ 他详细的信息需求，包括：

• 具体是什么信息（如工作产品、与计划有什么样的偏差、什么口头信息等）。

• 哪些人。

• 与这些人交流的频率。

■ 通过哪些信息交流的渠道，即规定与使用的报告和交流路径，例如：

• 正式和非正式（！）的工作通道

• 会议（定期的、事件驱动的）

• 电话和视频会议

• 交流平台

■ 上述原则同样适用于其提供信息的义务。

■ 另外还要明确，是否：

- 有收取信息义务的接收人
- 有提供信息义务的"发信人"

并检查是否以上选择（是或者否）能保证效率！

■ 信息接收、传递和参与决策的升级途径已确定和传达，并能在必要时使用。

上述提到的所有点都必须遵守。

利益相关方代表检查并认可计划是参与计划的最低形式。在许多情况下，他们还将参与执行该计划，例如保障人力资源（特别在矩阵组织中），向利益相关方传达计划并从利益相关方得到反馈，充当各方之间的业务接口。

评估人员须知 7

GP 2.1.7 与 GP 2.1.6：如何区分利益相关方和资源？

明确区分 GP2.1.6 与 GP2.1.7 并非易事。

例如：在哪里评估 SWE.1 里的软件测试员？

■ ……在 GP 2.1.6 中，因为他作为流程实施的一部分参与了需求评审，还是在 GP 2.1.7 中，因为他作为流程局外人参与了需求评审？

■ ……在 GP 2.1.7，因为他也许属于一个独立的测试部门，而该部门可以被视为利益相关方？作为需求分析员，直观地看应归于 GP 2.1.6，但从组织结构看，他的部门属于矩阵组织中的一个部门，按此标准又应放在 GP 2.1.7 里。

■ ……那么为什么他不在 GP 2.1.6 中与所有其他人力资源一样而被指定，并在 SWE.1 的详细计划中以其担任的职能和姓名出现？如果这样，GP 2.1.7 中还剩下什么人力资源？

在实际评估中这不是一个难题，因为最终必须评估整个 PA，而不仅仅是每一个单独的 GP。然而，在评估员的培训中围绕这一问题一直有讨论。

因此，我建议这样来区分他们：

主要职能与流程相关的人员归入 GP 2.1.6。主要职能与流程不相关的人员归入 GP 2.1.7。

示例：

■ 在 SWE.1 流程中，上述软件测试员归入 GP 2.1.7，需求分析员归入 GP 2.1.6。而在 SWE.6 流程中，软件测试员归入 GP 2.1.6。

■ 在 MAN.3 流程中，GP 2.1.7 包括向项目经理汇报的中层管理人员和决策圈成员。项目经理本人及其子项目经理（如软件）归入 GP 2.1.6。

■ 在 SPL.2 流程中，客户代表归入 GP 2.1.7，而在 ACQ.13 流程中，它归入 GP 2.1.6。

评估人员须知 8

GP 2.1.7：在 SYS. X 和 SWE. X 中基本实践（BP）："交流"的区别

　　自 Automotive SPICE v3.0 开始，SYS. X 和 SWE. X 的 CL1 明确强调，结果总是要传达给接收者。然而，由于 CL1 只涉及结果，不究以何种方式实现流程目的，因此也可以以任何一种方式来"交流"。但 GP 2.1.7 要求对整体进行"管理"，即规划和控制。

　　如图 4-5 所示，利益相关方管理在内容上与所有通用实践（GP）有关，但这常常被忽视。

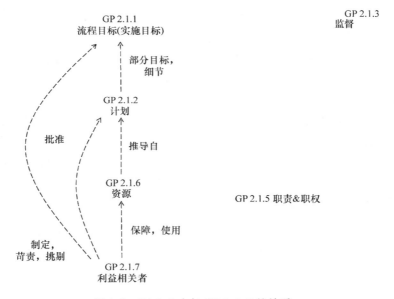

图 4-5　PA 2.1 中与 GP 2.1.7 的关系

4.1.4　GP 2.1.5——职责和职权

　　Automotive SPICE 原文［ASPICE3］：

　　"GP 2.1.5：定义流程实施的职责和职权。确定、分配、传达和实施流程的职责、承诺和职权。确定并分配检查工作产品的权责。确定执行流程应具备的经验、知识和技能的需求。"

　　确定职责和职权的目的是确保：

■ 每个人都明确知道他要做什么和不做什么。

■ 每个人都明确知道他为什么做什么和为什么不做什么。

■ 每个人都可以知道他还要做什么以及为什么。

■ 每个人都知道从何处获取信息/工作产品，以及将他的信息/工作产品交付给谁。

■ 不会忘记做或无必要地重复做了两次。

■ 信息和工作结果不只是发送出去，而是确实被使用。

■ 每个人都知道他的职权范围，可以做哪些决定和规定。

■ 这些职权在工作中确实能得以行使。

■ 存在升级路径，必要时在工作中确实使用和遵守升级。

评估人员须知 9

GP 2.1.5 无正式角色定义要求

　　CL2 层面上没有有关职责和职权正式的角色定义。在 SPICE PAM 中与 GP 3.1.3 中讲到与 CL3 的标准流程有关的"角色"。角色是跨项目、跨组织单位框架下，以书面形式记录的独立于个人的需求，它包括能力、职权、任务/活动有关的责任、预算和/或工作产品等方面。

　　因为建立总体规则不是 CL2 的目标，它注重于在"局部"如一个项目中或在一个组织单位里建立共同工作秩序。为了与 CL3 的定义区别，CL2 有意不称"角色"，而称"职责和职权"。如果存在并遵循标准流程，那么这些 CL2 期望当然隐含其中。参见评估人员须知 46（6.1.1 小节）。

　　请参考不减分原因 6（4.3.2.5 小节）。

　　人们常问，无论具体情况如何，职责和职权以及项目中的所有其他合作规则是否总要全部一般性地写下来？

　　答案是否定的：不能不考虑具体背景一概而论。重要的是：

　　a）商议好的规定必须存在。

　　b）它们必须确实得到遵守和执行。

　　c）能产生有效结果。

　　这个问题与文档记录不能画等号，因为记录文档本身并不能保证实现上述期望 b）和 c）。某些情况下（例如，以前一起完成过许多项目的员工在一起完成非常小的不需分配的项目），可能口头商议就能满足这两个期望。注意：并不是说什么都不需要记录，而是说，如果不考虑具体情况，泛泛地自动记录一切也不适用。真正有效的是，上述期望 a）~ c）都必须满足。

　　注：在任何情况下强制记录都可能在实际工作中给人造成一种印象，即 Automotive SPICE 要求无用的、死板的流程，或者大量的文件。这将进一步加深流程评估模型和敏捷实践之间尚未完全解决的分歧（为此见 4.3.2.5 小节不减分原

因 7）。明白 Automotive SPICE 处于抽象层中的"什么"层，而非"怎样"层（见 3.2 节）。

评估人员须知 10

有关 GP 2.1.5 的访谈计划

为了能够正确地检查责任划分是否清晰和信息流是否畅通有效，仅记录这些规则是不够的（见 4.3.2.5 小节不减分原因 7）。

除了通常的混合团队访谈外，评估员还应对有"同样职能"的个人或小组进行访谈。原因是，例如在对 SWE.X 进行团队访谈时，某个软件开发人员（可能是无意识的）不承认信息流动不及时或不完整，以避免对负责软件规范的同事有责怪之意。

这同样适用于上下级之间无论是专业还是纪律方面的问题。偏见问题很常见，所以应该对他们分开访谈，或者至少在评估计划中就公开地与评估发起人谈及偏见问题。

（注：这些提示能否在行业里实现是另一个问题，本评估提示仅从专业角度考虑。）

提示：各种访谈的确认也有助于满足对一、二类评估（class 1，class 2）要有客观证据的要求，这些要求来自 ISO/IEC TR 15504 - 7 以及 ISO/IEC 33002。

权责分配不仅是工作范围的分配，更是从心理上传达一种工作责任感和承担问责义务感。所以这不是"单纯以工作来束缚"。

权责可以静态和动态分配，两者皆可能。但是，分配必须始终明确，将同一职能分配给多个不同的人，适用于以下情况：

■ 代理和缺席代理。

■ 工作量分配/平行工作。

不应存在"结构性冗余"是针对例如由于缺乏对全面情况的了解而进行了相同分配，或者没有撤回的多余分配。

请记住：权责分明不仅是针对 CL1 所要求的所有结果/活动，GP 2.1.5（图 4-6）也必须包括 GP 2.1.2 ~ GP 2.1.4 以及 GP 2.2.3 和 GP 2.2.4 所要求做的一切（见 4.3.2.5 小节减分原因 18）！

4.1.5 GP 2.1.3——流程实施的监控

Automotive SPICE 原文〔ASPICE3〕：

"GP 2.1.3：对照计划监控流程的执行情况。这个流程将按照计划进行，对

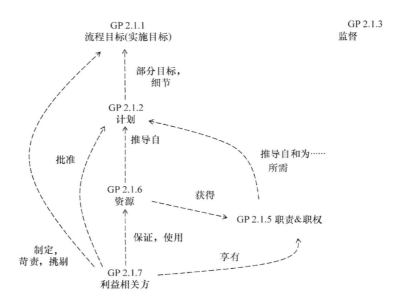

图 4-6　PA 2.1 中与 GP 2.1.5 的关系

流程实施进行监控，以确保实现计划的成果，并识别可能出现的偏差。"

我们已经在有关 GP 2.2.1 章节（4.1.1 小节）的开端看到了对监控（GP 2.1.3）的理解是如何与此相接的。

除了成本计划的合理性（4.3.2.3 小节减分原因 12）之外，记录人力支出还有另一个意义，就是在员工、工作活动或公司实际流程中，要找出什么支出是"正常的"和"适当的"。这是建立真实和确实有用的估值数据库的唯一方法！

同样重要的是要明白，GP 2.1.3 要求的监控不仅涉及 GP 2.1.1 和 GP 2.1.2 的内容，而且还涉及所有的 GP：

■ GP 2.1.5

如果每个人都了解所有必要的规则，所有的信息流都起作用，任何事情都不会发生两次或被遗忘，那么职权是有效的吗［Metz 09］？

■ GP 2.1.6

资源提供是否及时、充足？资格认证是否及时达标，工作量是否过载［Metz 09］？

■ GP 2.1.7

所有利益相关方代表是否还称职，是否还能保持联系，所有信息流是否运行正常？必须确定所有变更（如实际工作中常有的人员变动或能力变更）［Metz 09］。

GP 2.1.3 的监控甚至必须参考 PA 2.2 中所有 GP（见 4.1.6 小节评估人员须知 14）：

■ GP 2.2.1、GP 2.2.4

除了质量标准外，GP 2.2.1 还规定了检验方法、检验范围、检验频率以及检验方，在 GP 2.2.4 中对工作产品进行仔细检查（见 4.2.1 小节），并监控确保检查得到执行。

■ GP 2.2.2、GP 2.2.3

GP 2.2.3 要求 GP 2.2.2 中定义的所有内容必须遵守（见相关章节），并对此进行监控。

还可以参考附注 5（4.2.2 小节），如何支持监控。

评估人员须知 11

GP 2.1.3：某些项目的支出记账

在评估中请询问以下情况：

经常发生的情况是，员工在与他们根本无关的项目或任务上记账。原因可能是多种多样，例如公司文化里的自我保护意识，即强调要精确满足计划工时，或者（在操作上也许是必要的）超时（原先估计错了）被视为不称职或缺乏纪律性。

见减分原因 9 及 10（4.3.2.3 小节）。

评估人员须知 12

GP 2.1.3：人力资源过载和利益相关方代表

请向访谈对象明确询问，他们在项目和工作中当前的和平均的工时过载情况。这个问题同时也为 GP 2.1.3 和 GP 2.1.6 提供答案。

请继续询问项目和资源经理关于监控和发现工作过载的方法。虽然这个问题并没有明确地出现在 Automotive SPICE 中 GP 的描述中，但这个问题对于评估 PA 2.1（图 4-7）是必不可少的，因为它属于对 CL2 控制流程的理解和要求的一部分。

见减分原因 11（4.3.2.3 小节）。

4.1.6　GP 2.1.4——流程实施的调整

Automotive SPICE 原文〔ASPICE3〕：

"GP 2.1.4：对流程实施进行调整。识别流程实施中出现的问题。当计划的

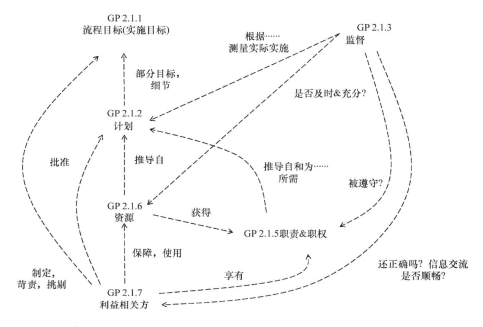

图 4-7　PA 2.1 中与 GP 2.1.3 相关的

结合和目标无法达到时，应当采取相应措施。根据需要调整计划。如有必要，应调整节点时间表。"

GP 2.1.4 可以概括为一句话：通过监控（GP 2.1.3）一旦发现有偏差，则：

■ 采取行动措施，仍然按计划达到 CL1 和 CL2 所要求的性能。

■ 修改计划甚至是流程目标[⊖]。

事实上我们需要真正理解：我们已经看到监控（GP 2.1.3）的对象不仅是 GP 2.1.1 和 GP 2.1.2 规定的内容，而且还包括 PA 2.1 和 PA 2.2 中所有其他 GP。GP 2.1.4 中的调整也是这样，涉及所有其他 GP（图 4-8）！

采取措施确保性能仍与计划相符

这可以通过增加预算和/或基础设施资源或重新分配这些资源来实现。

当然，当对资源有误判和资源没有及时到位或只提供了部分资源时，也必须对流程实施进行调整（见 GP 2.1.6）。

但是请注意，追加或重新分配的人力资源会产生额外的支出，因为必须将这些资源分配到产品中，并且（特别是对于非标准化流程）进一步细分到工作产

⊖　对于评估员：GP 2.1.4 仅与 GP 2.1.2 以及 GP 2.1.3 有关，而 GP 2.1.2 又与 GP 2.1.1 有关。由此表明，调整也可以是流程目标的修改。

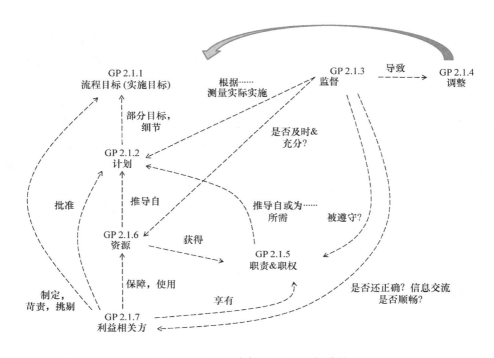

图 4-8 PA 2.1 中与 GP 2.1.4 相关的

品、工具、联系人、接口等方面。此外，随着员工数量增加，沟通需求也增加，但工作效率不一定随人力资源的增加而线性增加（布鲁克定律）。

在 GP 2.1.5（见 4.1.4 节）中曾说过任务、权责的分配可以是动态的。例如，如果员工没有达到设定的期望值，意味着 GP 2.1.4 要相应重新分配或重新定义职责、职权甚至升级级别。

出于类似原因也许有必要采取措施更换利益相关方代表。利益相关方代表撤回或者改变他们的认可意见也是调整流程实施的一个原因。这一点在实践中常常被忽视。

调整计划和流程目标

在工作量（支出）不变的情况下，这可以通过重新安排节点和/或延长时段来实现。

同样，在节点时间和时间段不变情况下减少工作量（例如取消某些需求或将其移至将来版本中等）也是一种措施。

关于绩效公式（GP 2.1.1、GP 2.1.2），在发现设定目标不现实，分析其原因之后，将设定新的目标。

对所有利益相关方的信息需求进行观察，并对上述原则进行调整。但是，识别被忽视的利益相关方并相应指定代表（GP 2.1.6）也是一种调整，以确保必要的信息沟通或参与。

当现实执行落后于计划时，显然要做出调整。然而，不应忘记，即使剩余资源（时间、预算、人员、基础设施等）没有用尽时也有必要做出调整。投入资源太多与太少一样都是不合理的，因此必须将它们转移到更迫切需要的地方。由此让我们也回顾在 4.1.5 小节有关 GP 2.1.3 中我们已经确定的，即所要做的就是为了确定哪些支出属于正常和适当的。

不要忘记与所有必要的利益相关方代表协调变更并获得他们的批准（见 GP 2.1.2 和 GP 2.1.7）。

这里还要注意：

■ 如减分原因 17（4.3.2.4 小节）所述，正确理解计划调整；以及

■ 附注 5（4.2.2 小节）为流程中工作结果进度提供监控方案。

评估人员须知 13

GP 2.1.4：确定调整

除了调整的成功必须是可以直接观察到之外，调整通常还会导致新的计划版本（如果对计划要进行版本控制，这不是必需的，但是有利于建立估值数据库）。然后，必须能够从存档中和计划版本的内容比较中得出结论，曾有哪些实际调整。

为正确理解，请参阅不减分原因 4（4.3.2.4 小节）及不减分原因 5（4.3.2.4 小节）。

评估人员须知 14

GP 2.1.3 和 GP 2.1.4 专业上对应 PA 2.1 和 PA 2.2

CL2 意味着能够控制整个流程的目标值和实际值。目标值在 PA 2.1 和 PA 2.2 中都给定了（图 4-9）。这清楚地表明，监测（GP 2.1.3）和相应做出的调整（GP 2.1.4）要参照所有 CL2 的需求。这是一个内容上的要求，虽然在 Automotive SPICE v3.0 的文本中似乎没有明确说明这一点。

请参阅减分原因 8（4.3.2.2 小节）和减分原因 15（4.3.2.4 小节）。

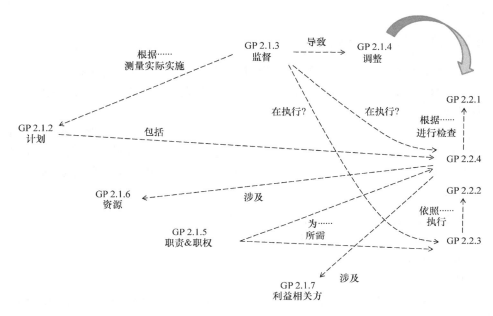

图 4-9　GP 2.1.4 和 PA 2.2 的关系

4.2　PA 2.2——工作产品管理

在讨论重要问题"有关流程工作结果的流程属性 PA 2.2"（图 4-10）之前，先要搞清楚到底是指哪些工作产品？很明显这些至少必须是 CL1 所必需的，但这还不完全。CL2 是由 CL1 和 CL2 的所有性能所决定的。这意味着所讨论的所有工作产品也是 PA 2.1 本身所必需的。

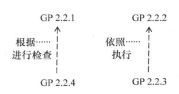

图 4-10　PA 2.2 中的相关性

4.2.1　GP 2.2.1—— 工作产品需求

Automotive SPICE 原文［ASPICE3］：

"GP 2.2.1：定义工作产品需求。确定产生工作产品的需求。需求可以包括对内容和结构的定义。确定工作产品的质量准则。建立工作产品评审和发布的合理标准。"

附注 3

这里使用"检查"这一概念

Automotive SPICE GP 2.2.4 中英语原文是"Review…work products…"。

在德语中，英语动词"review"常被错误地理解为评审的方法，并相应译为德语的"reviewe…"。

然而，这个动词并没有方法的意思，它的英语意义最接近于德语动词"检查"或"复查"。因此，"reviewe…"的翻译具有误导性。因此，在这本书中，我有意使用"检查"这个词。检查这一术语不限制具体形式和/或方法的选择。

4.2.1.1 结构性规定（结构性质量准则）

确定电子文档和纸质文档的结构：

■ 形式和格式。

■ 目录。

■ 元信息，如作者、版本（如果要对文档进行版本控制）、状态、检查者、收件人等。

■ 规定可读的文档名字（如按内容取名），必须适合具有必要专业知识的人理解。

这可以通过提供模板来实现。模板还应提供：

■ 填写帮助，选项。

■（比如简化的）项目、产品或公司实例。这可极大地增加理解，由此生成的真实文档中可以删除这些示例。

在项目外继续使用的模板又需要再自行实行版本控制和质量保证。

评估人员须知 15

模板（Templates）对 GP 2.2.1 不是必需项

Automotive SPICE 有意不要求模板。GP 2.2.1 文字中对此既没有明示也没有暗示。因为 Automotive SPICE 在"做什么"层次上（参见 3.2 节图 3-1），GP 2.2.1"仅"要求对有用并有利于提高质量的工作结果制定规范。模板是在"如何做"层面上提出的，是一种普遍和可能的办法，但不是必须要这样做的手段。

见不减分原因 8（4.3.2.7 小节）。

评估人员须知 16

GP 2.2.1：模板可以源自之前的项目

如果项目中使用的模板来自于其他项目或以前的项目，经过修改或没有变化，则这不违反 GP 2.2.1。模板不必"在每个项目中重新设计"。

理由：GP 2.2.1 基本点是为工作产品制定有用并有利于提高质量的规范，模板只是采用的一种可能的方法。这些模板来自哪里对"GP 2.2.1"并不重要，只要它们是有用的并被认可的。

参见不减分原因 9（4.3.2.7 小节）。

评估人员须知 17

GP 2.2.1：标准流程模板的优劣不在 GP 2.2.1 评估范围内

遵守标准流程还要求使用其模板。应该用 GP 3.2.1 或 GP 3.2.4 对此进行评估。如果项目使用了其他模板（非规定模板），对此必须单独在 GP 2.2.1 中对其进行评估。

参见不减分原因 10（4.3.2.7 小节）。

评估人员须知 18

GP 2.2.1：在什么流程中对模板（Templates）的工作产品管理进行评估？

示例：评估 SYS.2 中，当检查到正式评审是否存在检查结果列表时，同时确认是否使用了检查结果列表模板。

这些模板本身是否也按照 PA 2.2 的原则处理，这既不在 SYS.2 的范围内评估，也不在 SUP.1 的范围内评估。也许可在 ISO/IEC 15504 – 5：2012 中 ORG.1A"流程建立"的 PA 2.2 框架中对此进行评估，Automotive SPICE 里不存在这一流程，因此，如果需要评估，需额外加入。

4.2.1.2　质量准则内容

评估人员须知 19

GP 2.2.1：组织必须能够自行决定质量准则

评估员或其他第三方不可能具体规定，哪些 CL2 质量准则内容对于相应流程的工作产品是有意义的和必要的。这只能由组织和/或项目根据具体业务目标和产品战略来决定。

根据常识自然产生的期望不需要以书面形式确定，比如：

■ 语言风格，宜读程度。

■ 拼写和语法正确性。

如果考虑"更高"的质量准则，例如考虑 ISO/IEC 25010 的 8 个主要特征，即"功能性""效率性""兼容性""可用性""可靠性""安全性$^{\ominus}$""可维护性"和"可移植性"，将会更复杂。在实际评估中，也和在评估员培训中一样，有个问题总是反复出现："这样的质量准则是只适用于 CL2 还是已经存在于 CL1 上，如果存在，哪些准则适用于哪里？"

以软件代码为例可以看到分清 CL1 和 CL2 之间的区别是困难的：评估员在 CL1 层面上给无结构化和注释不充分的代码减分，即便它准确地反映了技术内容方面的需求和设计。对此给出的理由是，这些代码不具有"软件性能所期望的"属性。

同样的不确定性很容易出现在 SYS.3（系统架构）中 BP 5 的注释 2 中以及 SWE.2（软件架构）中 BP 6 的注释 5，因为这些注释给出了架构备选方案的评估建议：

"评价准则可包括质量特性（模块化、耐久性、可扩展性、可伸缩性、可靠性、安全性和可用性），……"

首先有一点是明确的：事实上，CL1 层面上已存在对某些质量特性的期望。为了与 GP 2.2.1 的质量准则相区别，可如下细分：

CL1 层面的质量准则：

与产品的正确功能直接相关，使其达到运行性能目的，这一特性为 CL1 质量准则。

CL2 层面的质量准则：

所有其他质量准则，其并非是直接为在技术上正确运行所必需的产品特性，但有助于项目或公司在时间和经济方面使开发工作和工作结果更有效率，例如通过大力推行重复使用，则属于 CL2 以上层面。

CL1 质量准则示例（根据 ISO/IEC 25010 和以上引用的语录）：

■ 功能性（Functionality）

产品必须具有正确的、符合预期和满足专业规定的功能。

评估人员须知 20

GP 2.2.1：专业正确性是 CL2 才有的质量准则吗？

不是。工作产品的内容、专业和技术正确性（根据 ISO/IEC 25010 的功能评估标准）已经是 CL1 的性能。不能说技术上不完整或不正确的内容可以完

$\ominus$ 在英语中，Security（防止外部有意或无意地操作物体）和 Safety（防止物体内部的错误或故障产生负面影响）是有区别的。但德语在此没有不同的术语。

满足流程目标。人们还可以看到，在 MAN. 3、SYS. X 和 SWE. X 中各有一个单独的 BP "一致性[⊖]"。不完整或不正确的工作产品之间讲完全一致性是自相矛盾的。

当然，以 CL2 水平工作时，针对质量检查的内容检查是在 GP 2.2.4 的框架下实施的。这一点是清楚的，但这并没有改变一个事实：CL1 要求满足流程目标内容正确的性能，CL2 在其 "上" 再要求满足附加的质量准则。

■ 效率（Efficiency）

对于软件，如资源消耗性、执行功能的运行时间如实时性、容错时间等这类要求可以明确表述。

■ 可靠性（Reliability）

功能在被调用期间必须可靠运行，即不得失效。这些可以明确表述为定性的和定量的要求。

■ 安全性（Security）[⊖]

防止来自外部的有意或无意操作，例如数据保护（Confidentiality）作为对用户的保护，但最重要的是数据完整性（Integrity），否则产品的功能将无法达到正常性能。安全性可以作为需求来描述，特别是有些专门的分析方法对此是有帮助的（见 Ian Alexander 关于误用案例的文献）。

■ 可维护性（Maintainability）

评估人员须知 21

可维护性是 CL2 还是 CL1 要求的质量准则？

有人可能会反驳，可维护性必须属于 CL2 中的质量准则之一，因为它包括了或至少隐含了可变更性。然而，可变更性则与 SUP. 10 变更管理的 CL1 有关，而要实现所有其他流程的 PA 2.2，必须先充分满足这一要求（4.3.1.10 小节一致性警示 9）。

⊖　在信息 A 和信息 B 之间建立了可追溯性链接。如果 B 在专业内容上与 A 匹配，则称 A 和 B 具有一致性。仅仅在 "某处" 插入一个可追溯性链接并不能保证这一点。

⊖　在英语中，Security（防止外部有意或无意地操作物体）和 Safety（防止物体内部的错误或故障产生负面影响）是有区别的。但德语在此没有不同的术语。

可变更性其实是 CL1 的准则，因为

■ 可变更性并不取决于未来 SUP. 10 评估中是否会被一起评估。

■ 以源代码的迭代和扩展开发为例，变更性首先意味着要不断地进行更改，即使变更需求流程还没有正式启动，比如因为还没有交付客户的版本，因此还不存在任何客户变更需求。不考虑可变更性会带来风险：随着时间增长，技术正确性（ISO/IEC 25010 功能评估标准）会失效或审查它会极其困难。

CL2 层面上的质量准则举例（根据 ISO/IEC 25010 和上述引文，示范性示例）

■ **模块化**（Modularity）

例如，通过规定标准化的、可重复用的单个组件有助于产品变型以及产线模块化，降低开发成本。

■ **可伸缩性**（Scalability）

例如，能将单通道系统转换为更高效的多通道系统，或例如，能更快地将车门控制器软件从仅控制一个车窗升降器转换为控制车辆中的所有四个车窗升降器。

■ **可扩展性**（Expandability）

例如，对于软件来说，能够更有效地进一步增加可信度的算法。

■ **可用性**（Usability）

例如，用户界面是否直观和符合人机工程学，将影响市场销售的成功率，但与程序逻辑的运行无关。

■ **兼容性**（Compatibility）

出于降低成本的考虑，比如尽量能够继续使用遗留组件（Legacy component）。

■ **移植性**（Portability）

例如，能够更有效地从一个微处理器转换到另一个微处理器，或从非并行操作系统转换到并行操作系统，或车辆环境通信转换到另一个总线系统。

其他 CL2 层面上的质量准则：

■ **可重复使用性**（Reusability）

为了例如实现产线和支持接管项目。

注：正确的质量准则与流程的工作产品的类型有关，不是每个准则对每个工作产品都有意义或是必需的。我们将在第 5 章中谈到这一点。

评估人员须知 22

可重复使用性是 CL3 层面上的质量目标吗？

可重复使用工作产品的质量目标在任何情况下都是 CL3 中必须要实现的。但是反过来，可重复使用工作产品并不意味着 CL3 已经存在或必须存在。例如，我们在 4.3.2.7 小节的不减分原因 9 和不减分原因 10 中也看到这一点。

上面所谈涉及不少方面，让我们再质疑一下评估：是否意味着评估 GP 2.2.1 时只允许使用 CL2 的质量准则，禁止使用 CL1 的质量准则（并在评估 GP 2.2.4 时也是如此）？

答案是否定的，这个答案基于对 CL1 的理解（3.3.1 小节）：CL1 意味着以某种方式实现了流程目标。换言之，这一流程的目标已经实现，但并不是以受控的方式，也就是说，不是按有计划和根据计划进行的方式。这也意味着，CL1 的质量准则也已达到，但也没有计划和有意识地遵循计划。相比之下，CL2 给出的信息是：通过控制手段保证流程的成功（也包括通过质量标准），而不取决于个人成绩和"救火行动"，并使其可重复（参考 3.3.3 小节）。

换言之：为了满足 GP 2.2.1，对必须考虑哪些质量准则，其最终答案是：

- 适用于该流程的所有 CL1 质量准则（另见 4.3.2.4 小节减分原因 17）。
- 及所有附加可选的 CL2 质量准则（如果制定了）。

评估人员须知 23

CL1 层面上的质量准则有可能是隐含的

CL2 的质量准则必须明确定义，否则在 GP 2.2.4 中无法对其进行具体检查。

CL1 层面上的质量准则有点不一样的地方是：质量准则可以是隐含的，例如在软件中通过根据 MISRA 规则进行静态验证。类似的还有，根据 ISO/IEC 25010 功能上沿着 V 路径可追溯的一致性。

参见 4.3.2.7 小节减分原因 23。

附注 4

流程内部可追溯性

Automotive SPICE 已经在 CL1 层面上要求在 SYS 和 SWE 流程间以及与 SUP.10 之间建立可追溯性。这种可追溯性把不同流程的工作结果结合在一起，以跟踪从一个流程到另一个流程引导出的信息是否一致（沿左 V 分支的垂直可追溯性），或为另一流程提供验证和确认（从右 V 分支到左 V 分支的水平可追溯性）。

请注意，同一流程中的工作产品之间也会存在内容依赖关系。它们有助于发现交叉效应和不一致性。例如，这些是：

■ 软件组件内部技术算法的要求和软件组件交互要求，如例 1（2.2 节）。

■ 架构层面与详细设计层面，例如在动态软件设计和结构软件设计之间的交互要求（在使用 SysML 等建模语言和名称约定时，这些通常是隐含的）。

然而，由于 CL1 层面上给出的可追溯性和一致性的 BP，在其表述上没有明确提到这一点，因此在这里特别提醒一下，因为它最符合 GP 2.1.1 的主题。

4.2.1.3　检查清单

检查清单在实际工作中是很常见的。除了上述讨论的问题外，检查清单还可以为检查人员提供其他重要问题，如经验教训等。这些问题也属于质量准则范畴。检查清单是一种有用的文件工具，它可以：

■ 按每个工作产品分别设立，例如硬件电路图的设计规则。

■ 或对多个不同工作产品汇总建立，例如软件架构和源代码。

■ 或对若干类似的工作产品统一建立，例如需求规范。

检查清单：

■ 可以作为单独的文档或在质量策略或质量计划中的一个章节存在。

■ 需渐进发展完善，因为不是每个员工都具有相同的专业技术水平和职业经验。因此，检查清单也是一种知识数据积累。

Automotive SPICE 没有要求检查清单，因此它也没有对检查清单的评估标准，参看不减分原因 11（4.3.2.7 小节）。但如果使用检查清单，请注意减分原因 25（4.3.2.9 小节）！

4.2.1.4　检查方法、检查覆盖率、检查频率和检查参与者

原则上，必须对所有工作产品进行明文检查吗？对此没有笼统的答案。但是你必须自行决定哪些工作产品必须纳入质量保证范围。对于会议纪要、议程、计划时间表或评审检查结果列表等工作结果，你将不会进行明文检查，而将这些工作产品隐含在以下检查中，如：

■ 被邀请与会者提前收到议程或在会议开始时先一起查看议程，并有提出"是否要更改议程？"的问题。

■ 计划时间表在项目组和其他利益相关方代表中讨论了。

■ 评审检查结果列表是否通读并处理了。这样，如果有一项结果（finding）表述含糊或不专业，会显现出来。

对于那些要明文检查的工作产品，必须清楚说明如何检查（检查方法）、检查内容范围（检查覆盖面）、多长时间检查一次（检查频率）以及交由谁检查（检查参与者）。

检查方法

这取决于工作产品的类型，在功能安全方面，也取决于 ASIL 所要求的完整

性。例如，在软件设计中它可以通过正式审查、走查或非正式但可证明的同事间评审（Peer Review）来进行。对软件源代码甚至可以通过结对编程的方法（Pair Programming）来实现。

CL1 的质量准则不同。它有可能是隐含给出的，例如根据 MISRA 规则对软件进行静态验证（见 4.1.1.2 小节评估人员须知 23）。

评估人员须知 24

在 GP 2.2.4 或 GP 2.1.1 中评估检查方法？

可以将检查方法归入 GP2.1.1，因为本书建议过把方式方法作为 GP2.1.1 的流程实现目标（参见 4.1.1 小节）之一。然而，就我个人而言，我认为所有与工作产品检查相关内容最好都归在一个地方（因此归在 GP2.2.4）。

另一种方法是在 GP 2.1.1 中评估检查方法，因为对 CL2 的评估无论如何都是由对 PA 2.1 和 PA 2.2 的评估共同组成的。

检查覆盖率

一直全面检查所有工作产品在实践中是否现实？我们真能一直把一切都检查到吗？与来自测试领域的经验类似，这在工业实践中（可惜）常常是不现实的。所以，应该根据内容多少确定检查覆盖率。这一覆盖率可能低于 100%，但前提是技术上有可信的理由［Gulba&Metz 07］。但是，这种基于技术风险的理由，具体来说可能有哪些呢？当检查内容受到以下影响时，会出现较大风险：

■ 过去或现在经常受到变更要求的影响。

■ 虽然不经常，但受到较高严重程度的变更要求（技术范围、成本等）的影响。

■ 必须满足某些质量准则项，例如当可重复使用性、可扩展性、可伸缩性或可移植性对于保证产线和模块化很重要时。

■ 或具有（可测量的）高复杂性。

如果某些项已经在以前的项目或产品中检查过，并且自那时以来确实可证明无更改，则风险较小。

注意：对于基于风险的对策来说，把纯粹的资源缺乏作为风险理由并不成立，因为它不是技术论据。资源规划的缺陷可能是原因，而不能作为理由。由于资源缺乏而导致的检查覆盖率和频率不足通常会导致 GP 2.1.4、GP 2.1.5 和 GP 2.2.4 的减分（参见 4.3.2.8 小节减分原因 27）！

在这方面，我认为一个有效的基于技术风险的论据表明了对现实的积极态度，而不是忽视质量保证，"因为其他道路都行不通"，因此提出对流程实施的调整

（GP 2.1.4）。因此，请继续采用基于风险的对策以澄清工作产品的上述问题，并相应地选择检查覆盖范围。请注意，对风险预估可能在开发过程中会发生变化。

检查频率

如果我们已经确定了所有的结构和内容标准、检查方法和检查覆盖率之后，还有一个问题是，检查工作产品的频率是多少？

■ 在某个时间点，比如项目节点？

■ 规定某个时间段即定期？

■ 一旦生成或一旦改动后？

■ 改动几次之后？范围？程度？

■ 优先级别？

确定的是：工作产品不能只在项目节点时检查！按要求，质量保证必须跟随开发流程，即工作产品生成之时并且在产品开发活动中要持续进行。而项目节点在时间上相距甚远，因此可能造成过很久才发现工作产品中的缺陷。这就是为什么在项目节点之前对工作产品突击进行强查和做表面检查不能达到质量保证的原因，因为这无法及早发现和纠正缺陷，从而也不会节省时间和费用以及减少烦恼。

如果使用标准软件组件，例如微控制器上的基础软件或重复使用的应用程序软件组件，那么沿用它们的工作产品（需求规范、设计、代码、单元测试案例和可能的组件内集成测试）不需在每个项目中重新检查，而是在标准软件组件的每个版本发布之前重新检查。但是，每个项目需要检查标准软件组件的版本、变型和项目特定的配置。

综上所述，并非每一个工作产品都需要同样频繁地或下功夫去查看。但是不要忘记，即使是对较小变化率的或复杂度较低的工作产品，原则上也不能忘记检查！任何一点都必须至少经过一次检查，每次检查范围可以不同，即长期来看，必须达到项目的100％的检查覆盖率。

检验方

要指定具体的检验方［VDA_BG］以及必须有多少名检查员。检查员必须在内容主题方面具备必需的专业能力，而且必须客观。

示例 10

■ 对于软件架构设计（SWE.2），检查员本人必须是软件开发者或软件架构师，而且可能需要不止一个。与此相对应，软件项目经理独自检查软件结构并放行，是不可接受的。

然而，检验方不必也不应该仅仅来源于流程本身。比如，系统测试人员应参与系统需求评审（此处参见4.1.3小节评估人员须知7）。

我的建议：在一份文件中记录你对所有流程里所有工作产品的检验方法，Automotive SPICE称其为质量保证计划或质量保证策略（见SUP.1）。除了为项目人员提供培训和参考机会外，这个能够反映如何做决定还为评估提供了一份证明。

4.2.2　GP 2.2.2——对文档和相关控制的要求

Automotive SPICE原文［ASPICE3］：

"GP 2.2.2：定义对工作产品的文档和相关控制的要求。定义对工作产品的文档和相关控制要求，它可能包括：

■ 对文件分发的要求

■ 对工作产品及其组成部分的命名要求

■ 对追溯性的要求

工作产品之间的依赖关系已知并易于理解。确定了受控工作产品的发布要求。"

关于工作产品的文件、处理和控制的问题清单如下：

作者属性

谁是这个工作结果的作者？谁能对其进行修改？只是一个人还是几个人（例如，基于集体源代码所有权原则的极限编程）？同一工作产品中的不同内容是否有不同的作者（例如，对于按题目构建的需求规范）？

特定版本，特定配置管理

■ 哪些命名约定适用于流程的工作产品？

■ 哪些流程的工作产品需要版本化，哪些不需要，为什么？工作产品之间有哪些版本规则不同？例如，不对问题列表、评审检查结果列表、问题清单等进行版本控制，而对需求规范、架构/设计、软件代码、合同等进行版本控制。

关于计划文件是否进行版本控制的具体问题，不减分原因4（4.3.2.4小节）给予了提示。

■ 哪些工作产品（无论它们是否有版本控制）在流程中需要整体"冻结"（基线、文档冻结）？

例如：

● 需求规范和其评审证明。

● 软件代码、单元测试代码、测试结果及静态验证结果。

如何制定基线以及基线有什么名称约定？这些基线是否又是其他更高层次上基线的元素？

所有这些定义都不一定是静态的。配置管理的类型在流程中的不同时间可能有所不同。为了保持对基线有个概观并能够跟踪它们，应该记录这些动态决策。

数据访问权限和工作产品安全性○

■ 无论如何，作者有权修改。但是阅读权呢？是允许每个人都有，还是按角色分配？或者是否仅仅局限于某些人，而且还有时间限制？工作产品是否给定安全级别（保密件），只有接受相应安全审核合格的人员才能接触？

■ 对非电子形式的工作结果，接触档案、打开装甲保险柜和进入办公室的权利又如何？

备份

■ 电子工作产品的存储结构是什么？你用什么工具来电子归档？

■ 是否可以有效地管理软件工具（例如配置管理，带有或不带有版本控制的文档管理）中的存储层次结构？目录名称本身是否可读且直观？

■ 如何选择非电子工作产品的储存，特别是在有保密级别的地方（办公柜、档案室、装甲保险柜）？另请参见上面的访问权限。

评估人员须知 25

GP 2.2.2：严格保密数据的纯磁盘存储

工作产品和信息通常存储在磁盘不同目录结构下（本地磁盘驱动器、私人用户磁盘驱动器、不同部门和项目的磁盘驱动器）。在没有技术专业知识和对项目历史的详细了解情况下，及时恢复和收集信息会是极其费力的，而且还受制于以下风险：

■ 不统一、大多数情况下甚至是难解的文件名

■ 不统一且通常是难解的目录结构和名称

即使通过标准化排除了这一点，仍然存在以下风险：

■ 不小心挪动、覆盖和改名文件和目录

■ 存在（超）链接失效风险，例如由于服务器搬家

■ 驱动器上的文档没纳入配置基线或文档管理系统中。

○ 在英语中，Security（防止外部有意或无意地操作物体）和 Safety（防止物体内部的错误或故障产生负面影响）是有区别的。但德语在此没有不同的术语。

状态

工作产品具有一个生命周期（图 4-11）。

■ 它经历什么状态，状态变化的触发条件是什么？

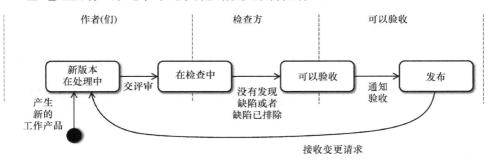

图 4-11　基于 SysML 的状态即符号绘制的工作产品生命周期。垂直虚线划分出各状态相关方

■ 这些状态是否与变更管理和版本控制约定相关（见上文）？例如，一个发布并在此后未更改的工作产品被赋予版本 2.0，那么版本 2.3 可能意味着文档只能处于以下状态之一：

● 正在处理（存在变更需求或根据 SUP.9 涉及本产品还未解决的问题）

● 正在检查

● 可以验收

■ 状态与发布版本相关（见上文），以致状态成为下步可能的工作的先决条件？

上面所有提到的都必须有工具支持，因为如果没有自动化，人工管理乏味而且效率低。

但为什么工作产品的状态如此有趣呢？版本控制和发布其实也可以在没有工作产品生命周期的情况下执行，以下附注给出一个答案：

附注 5

通过配置项状态巧妙跟踪项目进展和流程改进的进度

在项目层面上对内容有要求的时间节点，例如产品交付。

当相应的工作产品完成时，会在配置管理系统中建一个基线。在配置管理系统中，基线是一个明确记录对象，它将属于基线的具体工作产品归类其中。

这些工作产品即配置项具有一个状态，以便可以从中（自动）计算未来基线的平均成熟度。例如，图 4-11 中的状态可以通过百分数来证明，例如 100% 用于发布，80% 用于可以验收等。

项目管理信息在目标时间节点前的任何时候都是透明并且实时更新的：
- 显示完成率。
- 通过连续的完成率报告监视偏差以确定效率曲线。
- 从这个效率曲线推导出未来发展趋势。
- 以在目标时间节点前做出及时反应。

比起在会议上向项目经理口头报告开发情况、搜寻问题跟踪列表和"最后一刻反应"，这个方案高效、透明、更客观，并且符合 SUP. 8 配置管理里 BP 7 的注释 5。

这个方案可应用到每个流程的工作产品即配置项中，由此，将满足流程的 CL2 性能（GP 2.1.3，GP 2.1.4）。

评估人员须知 26

附注 5 将 SUP. 8 与 MAN. 3 联系在一起

附注 5 中概述的方法同时有助于满足以下 BP：
- SUP. 8 BP 7：描述配置项状态并报告
- MAN. 3 BP 8：制定并监控计划时间表并对其进行调整
- MAN. 3 BP 10：检查并报告项目进展情况

特殊的发布/验收

- 相应流程的哪些工作产品需要有明确的发布/验收（如需求、设计和测试规范），哪些工作产品不需要有明确的发布/验收（如项目计划时间表、评审检查结果列表、变更需求、新登记的涉及 SUP. 9 的问题）？

- 哪些工作结果是单独发布的（例如，软件架构作为所有进一步组件开发的基础），哪些与其他工作结果绑定才能发布（例如，源代码与代码目测结果、静态软件验证和单元测试结果）？

- 必须由谁发布？

- 发布标准有哪些？是否有超出 GP 2.2.1 中定义并在 GP 2.2.4 中检查的内容？

注意：除了检查标准之外，不要求一定有发布标准。在实践中，发布的最低标准通常是已经检查过，并且工作产品处于"发布已放行"状态（参见 4.2.2 小节图 4-11）。

- 发布是否可以非正式地进行（例如，作者和检查人员的联合决定）或必须经过一步明确的附加正式程序（例如，通过物理或数字签名或具有法律效益的工作产品状态切换,见上文)?

示例 11

■（非正式）软件开发人员在完成所有单元验证后,将软件组件集成,交给后面的集成测试（另见5.6节附注11和5.7节附注16）。

■（非正式）软件测试以测试总结报告的形式通知测试结果,在此之前该报告在部门内部进行过非正式的对明显错误的排查。

■（正式）质保员检查系统需求规范的评审,是否评审过,评审结果的可信度,评审结果是否得到处理。检查合格后可以比如建立一个基线。

■（正式）对工作产品负责的也许完全是另一批人,不是其作者、相关检查员和对该工作产品继续处理的人员。该工作产品可能是合同、给供应商的需求规范或给客户的完整产品交付。

评估人员须知 27

回顾：在 SWE 和 SYS 进程中,GP 2.2.2 和 BP 在"沟通……"上的区别

Automotive SPICE PAM 中的附件 D.5 指出,有关"沟通……"的 BP 只确保信息实际流向接收方,但在 CL1 中这可以以任一形式发生（比较 3.3.2 小节）。这并不意味着正式或非正式的确认或与其他方的约定。这些确认或约定是 GP 2.2.2 要求的性能,与利益相关方代表相关（GP2.1.7）。

■ 放行/验收是多层次的吗？以上正式的示例显示是多层次的：单独的工作产品是由质量保证人员放行,但是整个软件产品的交付需要例如软件开发经理、质量经理和客户端测试经理共同决定是否放行。是否放行取决于每个工作产品的状态（允许发布或不批准发布）,同时还应考虑对尚未处理完的变更需求的风险评估,发现的错误,以及还未解决的属于 SUP.9 范围的问题。

■ 工作产品的放行/验收在技术上是如何在纸上和电子层面上进行的？正式流程如各方出席会议,通过在放行文件上签名后再扫描,或通过电子签名或基于工具支持的角色确认（点击）。非正式流程如对会议决定做记录归档或通过电子邮件确认。

注意：电子签名和确认工具点击需可以数字追溯,其他所有方法（电子邮件、扫描文档等）也必须集成到基线中以供证明！

附注 6

签名心理学

不要低估签名或明确的电子署名确认的心理作用。发布负责人肯定会因此更仔细地审视工作产品！

特殊变更管理

哪些版本的工作产品要记录更改？记录更改必须保留版本修订历史，其中还必须提及检查出的问题和相关变更请求（另见 GP 2.2.4）。这些版本变更历史记录可以体现在文档本身中，也可以通过配置或文档管理工具中的检入注释间接给出。

很明显，没有版本的工作产品不会有版本修订历史记录。但是，也不必为每个版本化的工作产品都提供版本修订历史记录。例如，人们希望保留各版本的计划进度表，其唯一目的只是通过追踪差异来丰富支出估算数据库（另见 4.3.2.2 小节不减分原因 3 和减分原因 7）。

附注 7

变更需求不仅是用于原始意义上的修改请求

经典的变更需求概念最初是涉及某些工作产品或产品本身的变化。然而，你应该拓展对变更需求的理解，管理所有任务类型，例如：

- 评审的实施
- 一个新部分功能的需求描述
- 软件组件的开发

借助工具，可以将变更需求的扩展类型添加到相关的工作产品中。根据附注 5（4.2.2 小节），这些工作产品属于某基线以及相关发布版本里，所以变更需求也属于发布内容。例如，如果一个工作产品的变更需求处于没有关闭状态，那么就不能赋予工作产品以"已发布"状态。

以上这些丰富了附注 5（4.2.2 小节）所描述的通过配置项状态的流程进度跟踪。

通知利益相关方

如何将信息和工作产品通知到利益相关方代表，请见 GP 2.1.7。

生命有效期

哪些工作产品（电子和非电子的）的有效期有多久？它们将在给定的存储库里保存多长时间（见上文）？接收者和利益相关方是否了解生命周期？有效期到期后，将通过什么渠道通知谁？

安全拷贝和恢复

如何确保电子工作产品始终保持可复原性？能复原多久的历史状态？在遥远的将来，例如在产品责任情况下，是否还有工具可以读取很早以前保留的电子工作产品的格式。纸质形式的工作产品有多个备份吗？还是当某个办公室或档案馆中唯一仅有的签字打印件在发生火灾时有危险？

4.2.3　GP 2.2.3——文档和控制

Automotive SPICE 原文［ASPICE3］：

"GP 2.2.3：确定、记录和管理工作产品。确定要管理的工作产品。引入工作产品的变更管理。按要求文档化和管理工作产品。分配适用的版本的工作产品到产品配置中。通过匹配的访问机制提供工作产品。可快捷查明工作产品的修订状态。"

GP 2.2.3 要求操作符合 GP 2.2.2 规定。因此，GP 2.2.3 直接反映了 GP 2.2.2 中所陈述的，以及之后的要付诸实施的。

必须一直监控实施的进行。该监控属于 GP 2.1.3 要求的监控工作的一部分（另见 4.1.6 小节对评估员须知 14）。

4.2.4　GP 2.2.4——工作产品的检查和调整

Automotive SPICE 原文［ASPICE3］：

"GP 2.2.4：检查和调整工作产品以满足规定的要求。工作产品将按计划对照规定的要求进行检查。产品评审中发现的问题需得到解决。"

GP 2.2.4 要求实施 GP 2.2.1 中定义的一切。因此，GP 2.2.4 也反映了 GP 2.2.1 将要实施行动的结论。这意味着每个工作产品都应：

■ 使用一种规定的检查方法。

■ 保证检查频率。

■ 保证规定的检查覆盖率。

■ 以及通过必要的检查方。

● 检查是否使用了核对清单和模板，如果有的话，是否符合所有的结构和内容标准；

　　● 以及确保发现的差异和缺陷得到纠正，并且是在：

　　－ 变更需求情况下，及时在变更需求处理框架内进行。

　　－ 在变更需求之外，也要及时处理重大或优先级别高的问题。

　　－ 以及处理累计的严重性或优先级别较低的问题（如文字修改类）。

　　注意：GP 2.2.4 也应理解为 CL1 层面上要求的都要检查。这不仅包括 CL1 质量准则，还包括可追溯性覆盖范围和可追溯性链上的内容一致性。

　　监控是否遵照了检查方法、检查覆盖率和检查频率要求是 GP 2.1.3 的一部分（参看 4.1.6 小节对评估员须知 14）。

　　一个经常被问到的问题是：是否必须以及如何给出实现纠错的证明。

　　■ 首先，正式的检查方法中必须收集检查到的问题点和缺陷（例如，通过特定的评审工具或实用的 Excel 模板）。如果没有明确的检查结果清单，那么可能有电子邮件或有文本处理系统里对更动追溯的记录，这些保留的记录对评估具有正面影响。

　　■ 然后，给出工作产品问题点的历史记录索引。如 GP 2.2.2 所述，这些历史记录可以在文档本身或文档配置管理工具中的检入注释中找到。

　　在 GP 2.2.4 中，还应检查是否满足 GP 2.2.2 的所有要求。这一点也可以理解为 GP 2.1.3 的内容（4.1.6 小节对评估员须知 13）。

4.3　能力级别 2 级的评审帮助

4.3.1　其他流程的能力级别 2 级和 1 级的比较

　　对于评估员而言，下文从每个 GP 2.x.y 的角度提供以下一致性警示（K）、减分原因（AG）和非减分原因（NAG）（这些规则的差异已在第 1 章解释过）。它们应通过显示以下信息来帮助评估（表 4-1）：

　　■ GP 中哪些流程的弱项对其他流程的 BP 有负面影响（例如：如果几乎所有流程的 GP 2.2.4 评级为 P，则 SUP.1 BP 2 工作产品的质保就不能再是 F）。

　　■ 反之亦然（例如，如果 SUP.8 的总体评级很低，则 SWE 和 SYS 流程的 PA 2.2 不能再是 F）。

　　在同一流程中，GP 和 BPs 之间的联系可以在第 5 章中找到。

表 4-1　CL2 的 GP 和 CL1 的其他流程之间的关系

→	MAN. 3	SUP. 1	SUP. 8	SUP. 9	SUP. 10	CL1 同流程
GP 2.1.1						
GP 2.1.2	一致性警示				不减分原因	
GP 2.1.3	一致性警示				不减分原因	
GP 2.1.4	一致性警示		一致性警示	一致性警示	不减分原因	
GP 2.1.5	一致性警示					不减分原因
GP 2.1.6	一致性警示					
GP 2.1.7	一致性警示					
GP 2.2.1		一致性警示				
GP 2.2.2			一致性警示		一致性警示	
GP 2.2.3			一致性警示		一致性警示	
GP 2.2.4	减分原因			一致性警示		

4.3.1.1　概述

不减分原因 1
对 PA 2.1 和 PA 2.2 本身的评价并不依赖于同一流程的 PA 1.1

可能的推断

有人可能会推断存在以下强相关性：对 PA 2.1 和 PA2.2 的评价可能最多与 PA 1.1 的评价一样高，理由是计划和控制的结果范围只能与已经做到的一样多。

问题

这种观点是对 SPICE 模型作为结果评估的误解。与之相反，流程评估模型的目的和定义，就是要分别给每个 PA 查明：

■ 方式方法在多大程度上适合于满足各 PA 的期望（另见 7.1 节）。

■ 它的性能在内容上是否真的满足预期了。

因此，评估结果中的流程能力概览，其用意和好处就是分别介绍每个 PA，以告知被评估者，他们选择的方法相对于每个 PA 的要求是否成功。

仅仅因为 PA 1.1 中的缺陷对 PA x.1 或 PA x.2 进行减分，即把所有 PA 评分同步处理，对被评估者而言没有任何附加值，也无法提高 CL2 的能力。因此，评估 PA 2.1 和 PA 2.2 应不受 CL1 已经达到的内容范围的限制。唯一例外的是：

一旦 PA 1.1 被评为 N，则也必须用 N 评价 PA 2.1 和 PA 2.2，因为不可能对不存在的东西进行控制和工作产品管理。

4.3.1.2　GP 2.1.1 流程目标（Performance Objectives）

减分原因 1

GP 2.1.1，GP 2.1.2：PA 2.1 中的计划说明不能把 CL1 层面上不完整的流程目标合法化

案例

在一个持续两年的项目中，SOP 前 16 周时你发现软件设计只完成了 60%。

按计划软件设计须在 SOP 之前的 8 周完成，根据目前情况，必须在 8 周内完全完成软件设计，即达到 100%。被评估者的意见是，该流程目标可以被视为已经实现，因为流程的目标是"刻意如此计划的"，并且因为"实际中也会这样按照目标实施的"。

以下几处必须减分：

■ GP 2.1.1，因为这样选择节点目标无意义。

■ PA 1.1，因为 SWE 2 的流程目标没有达到。

4.3.1.3　GP 2.1.2 计划

一致性警示 1

GP 2.1.2，GP 2.1.3，GP 2.1.4 在"定义、监控和调整 ……"方面 与 MAN. 3 中 BP（BP 4，BP 5，BP 7，BP 8）**进行比较**

检查 MAN. 3 – BP 的评分是否确实与所有其他流程的 GP 2.1.2、GP2. 1. 3 和 GP2. 1. 4 的平均分不同（或高或低）。

原因：这些 BP 对各个流程的控制至关重要。

不减分原因 2

假设 GP 2.1.2 性能是变更需求计划的前提

有人可能认为，SUP. 10，其他流程的 GP 2.1.2，以及 MAN3 的 BP 4（行动的定义和监控）、BP 5（资源的定义和监控）和 BP 8（完成时间的定义和监控）之间必须存在一致性联系，

■ 因为 SUP. 10 的工作产品 13 – 16 即变更需求中指定了到期节点日。

■ 并且因为 SUP. 10 的 BP 5：在实施之前确认变更需求，即应根据可用资源确定变更需求的优先级，这似乎暗示必然存在项目计划时间安排和资源管理。

然而，情况并非如此，因为 CL1 性能可以通过任一种方式实现（参见 3.3.2 小节）。因此，在 CL1 层面上，最能干的员工在变更需求到期前扮演"英雄"角色把变更需求完成，是完全合规的。另见 5.18.1 小节，为什么定义变更需求到期日不能被视为 SUP. 10 在 CL2 上的流程目标。

4.3.1.4　GP 2.1.3 监控

一致性警示 1（如上）在此也适用。

4.3.1.5　GP 2.1.4 调整

一致性警示 1（如上）在此也适用。

一致性警示 2
GP 2.1.6 对比 SUP. 8 的 BP 3 "建立文档配置管理系统"

如果 SUP. 8 的 BP 3 评分为 N 或 P，则检查所有其他流程 GP 2.1.6 的平均评分是否还可以是 F 或 L。

原因：配置管理系统是 CL2 必不可少的技术资源。

注意：由于配置管理系统只是所需资源之一，所以如果 SUP. 8 的 BP3 的评分是 F 或 L，但 GP 2.1.6 平均为 N 或 P，这并不矛盾。

一致性警示 3
GP 2.1.4 对比 SUP. 9 的 PA 1.1

如果 SUP. 9 的 CL1 的评分不是 F，则检查 GP 2.1.4 是否仍然可以是 F。

注意：当目标调整、计划、职责分配等（简言之：纠正 PA 2.1 中的偏差）也通过解决问题的流程来处理，上述点才成立。是否通过该流程来处理，必须在 SUP. 9 BP 1 "定义解决问题策略"里明确定义。

4.3.1.6　GP 2.1.5 职责和职权

一致性警示 4
GP 2.1.5 对比 MAN. 3 的 BP 6 "确保所需能力、知识和经验"

检查该 BP 的评分是否确实能与所有其他流程的 GP 2.1.5 的平均分不同（或高或低）。

原因：GP 2.1.5 与 MAN. 3 的 BP 6 在人力资源能力要求上存在相关性，能力缺乏也对 GP 2.1.6 要求的承担责任有负面影响。

注：BP 8 评分可能会因此低一些，因为相对于 GP 2.1.5，它有更高的期望，即实际经验。

4.3.1.7　GP 2.1.6 资源

参见不减分原因 2（4.3.1.3 小节）。

一致性警示 5

GP 2.1.6 对比 MAN.3 BP 5 "项目预估和资源"

检查该 BP 的评分是否确实能与所有其他流程的 GP 2.1.6 的平均分不同（或高或低）。

注：MAN.3 的 BP 5 实际评分可能会高一些，因为与 GP 2.1.6 不同，它不是只建立在资源上，而是建立在总体预估上。

4.3.1.8　GP 2.1.7 利益相关方管理

一致性警示 6

GP 2.1.7 对比 MAN.3 的 BP 7 "识别和监控项目接口以及协定，必要时进行调整……"

检查该 BP 的评分是否确实能与所有其他流程的 GP 2.1.7 的平均分不同（或高或低）。

4.3.1.9　GP 2.2.1 对工作产品的要求

一致性警示 7

GP 2.2.1 对比 SUP.1 的 BP 1 质保策略

检查该 BP 的评分是否确实能与所有其他流程的 GP 2.2.1 的平均分不同（或高或低）。

原因：所有 GP 2.2.1 提供的信息构成 SUP.1 的 BP 1 中质保策略的一部分（见 4.2.1 小节的所有陈述）。

注：质保策略还包括更多内容，如确保客观性和如何达到流程质量。

4.3.1.10　GP 2.2.2，GP 2.2.3 处理工作产品

一致性警示 8

GP 2.2.2，GP 2.2.3 对比 SUP.8 的 PA 1.1

检查被观察流程的 GP 2.2.2 和 GP 2.2.3 的评分是否可高于对 SUP. 8 的 CL1 的评分。但是，如果"恰恰"被观察的流程的工作产品没有或没有充分在 SUP. 8 中定义，这个规则就不适用了。

注：但是，这些 GP 的评分可能低于 SUP. 8，因为 SUP. 10 有时还有 SUP. 9 也会影响这些 GP。关于 SUP. 9，要看它的策略（BP 1）是否包括了那些可能会影响相应流程的工作结果问题。

一致性警示 9
GP 2.2.2，GP 2.2.3 对比 SUP. 10 的 PA 1.1

检查被观察流程的 GP 2.2.2 和 GP 2.2.3 是否可高于对 SUP. 10 的 CL1 的评分。如果变更需求恰恰与被观察流程的工作产品无关，这个规则就不适用了。

注：但是，这些 GP 的评分可能低于 SUP. 10，因为它们还包括 SUP. 8，有时还有 SUP. 9 对其影响。关于 SUP. 9，要看它的策略（BP 1）是否包括了那些可能会影响相应流程的工作结果问题。

4.3.1.11　GP 2.2.4 检查工作产品

减分原因 2
GP 2.2.4 对比 SUP. 1 的 BP 2 "工作产品的质量保证"

对 SUP. 1 的 BP 评分不要高于所有其他流程的 GP 2.2.4 平均评分，原因是确定所有 GP 2.2.1 的标准就是确定质保策略所描述的工作产品质量（见 4.2.1 小节）。因此，SUP. 1 的 BP 2 必须达到 GP 2.2.4 中所要求的。

注：SUP. 1 的 BP 2 和 GP 2.2.1 之间不存在另外的一致性警示，因为在 BP 1 和 GP 2.2.1 之间已经有一致性警示，而 BP 2 必须遵循 BP 1 的要求。

一致性警示 10
GP 2.2.4 对比 SUP. 9 的 PA 1.1

如果 SUP. 9 的 CL1 的评分不是 F，请检查 GP 2.2.4 是否仍能被评定为 F。

注意：这仅适用于 SUP. 9 的策略包含了处理质保缺陷的情况！

4.3.2　能力级别 2 级内部

对于评估员来说，这里提供一致性警示（K）、减分原因（AG）和不减分原因（NAG）（区别在第 1 章中解释过）。它们的目的是帮助评估 GP，但也指出在同一流程中 GP 之间的联系。

在同一流程中，GP 和 BP 之间的联系可以在第 5 章中找到。

4.3.2.1　GP 2.1.1 流程目标（Performance Objectives）

减分原因 1（4.3.1.2 小节）也适用于此。

减分原因 3

GP 2.1.1　没有考虑变更需求和问题处理的预算 [VDA_BG]

[VDA_BG] 里对于 MAN. 3 有一提示："特别是在后期样件阶段必须预计到要考虑出现变更需求（SUP. 10）、问题报告（SUP. 9）和解决验证中发现的问题（SUP. 10，测试流程）的增加"。

这一提示也适用于 SYS 和 SWE 流程的 GP 2.1.1 和 GP 2.1.2。如果时间和成本计划没有充分考虑到这一点，GP 2.1.1 和 GP 2.1.2 要减分。

减分原因 4

GP 2.1.2 的评分要始终不高于 GP 2.1.1 的评分

原因：计划（GP 2.1.2）不是独立的，而要参照流程目标的完整性和质量（GP 2.1.1）。

■ 例如，如果给 GP 2.1.2 的评分应该是 F，GP 2.1.1 也应该是 F，因为有理由认为一个完整有效的计划（前提是这样）暗含了节点和成本相应的流程目标，即使被评估者没有明确地将 GP 2.1.1 与 GP 2.1.2 分开。

■ 相反，如果你认为 GP 2.1.2 只能给 N、P 或 L，你仍有可能给 GP 2.1.1 加分，条件是至少里程碑或最后节点、最大成本或预算已经给出。

4.3.2.2　GP 2.1.2 计划

减分原因 3 也适用于此（4.3.2.1 小节）。

减分原因 5

GP 2.1.2 计划固定支出而不是实际支出

在如评估人员须知 3（4.1.1 小节）所述的情况下，对 GP 2.1.2 的评分不再是 F。

原因：这种情况再加上信任工作时间的文化，对于公司财务审计可能更为简单，从人事或企业管理的角度来说可能也是有利的。然而，这种方法并不能反映真实情况，因此不可能在此基础上按 CL2 要求进行控制。

减分原因 6

GP 2.1.2：拒绝预算政策性的支出目标

在如评估人员须知 4（4.1.1 小节）所述的情况下，对 GP 2.1.2 的评分不再是 F。

原因：即使在心理上可以接受和理解，这种经济或商业政策理由也不足以作为控制流程的基础。CL2 层面上的流程控制是基于专业和内容上的技术工作，其源于 CL1 的流程目的。

不减分原因 3

GP 2.1.2：不存在估值数据库

不能因为缺少基于属性的估值数据库（见 4.1.1 小节）就给 GP 2.1.2 减分，因为在 CL2 层面上没有对此要求。在 MAN.3 的 BP5 项目估算和资源的注释 4 中也没有明确要求这点，有关要求都是围绕使用适当估算方法的。

因此，必须评估所使用的估算方法是否合理可信，是否符合实际情况。

减分原因 7

GP 2.1.2：不合理或无法重复的成本估算［VDA_BG］

如果估算方法不合理或不可重复，则给 GP 2.1.2 减分。一个负面例子是，如果预估是由一个人做出，而没有各有关方参与或没有经过其他人评审［VDA_BG］。其他负面例子见 4.3.2.2 小节减分原因 5 和减分原因 6。

合理的方法：使用类似项目已有的成本结果［VDA_BG］或使用基于属性的估值数据库（见上面不减分原因 3）。

减分原因 8

GP 2.1.2：计划没包括 PA 2.2 所需的所有活动

即使 GP 2.1.2 在 PA 2.1 下实施，它仍是基于 CL2 的整体性能。因此，计划必须包括工作产品检查（GP 2.2.4）。

注：如果对 GP 2.2.1 和 GP 2.2.2 的评分不是 F，这不代表 GP 2.1.2 也要减分。原因是 GP 2.2.1 和 GP 2.2.2 只定义了如何管理工作产品的规则，它们本身不包括计划说明。计划说明属于 PA 2.1 内容。

4.3.2.3 GP 2.1.3 监控

减分原因 8（§4.3.2.2）也适用于此，因为监控指的是监控所有计划。

一致性警示 11
GP 2.1.3：计划调整的频率

为计划调整的频率制定具体、明确的规则意义不大。可行的是，按各版本发布的时间间隔定义计划调整的频率。

示例：

■ 在项目最高层面上，当项目期限为 2～3 年，各样品阶段为 6 个月时：每月、两个月或每季度。

■ 在软件层面上

● 当每月有发布时：每周。

● 当 6 个月发布时：14 天或每月。

除计划频率外，新的计划总是由项目中变更需求（SUP.10）、问题报告（SUP.9）和活动重组等事件所驱动。

参见不减分原因 5（4.3.2.4 小节）。

减分原因 9
GP 2.1.3：工时记账是目标值而非实际值

如果在工时记账时不按实际产生的工时，而按合同定义的给定工时，则给GP 2.1.3 减分（包括 MAN.3 的 BP 5 项目估算和资源）。

减分原因 10
GP 2.1.3：在任意某项目上入账

如果员工在某些项目上没有工作，但把工时记入这些项目中（见 4.1.5 小节评估人员须知 11），则给 GP 2.1.3 减分，因为这完全摧毁了成本监控的基础。

减分原因 11
GP 2.1.3：人力资源过载

如果成本监控没有检测员工的工作过载，则给 GP 2.1.3 减分。

原因：有效的数据对于在 CL2 水平上控制一个流程是必不可少的（见 4.1.5

小节评估人员须知 12）。

减分原因 12
GP 2.1.3：计划数据之间不一致

给 GP 2.1.3 的评分最多只是 P，如果监控：
- 预算消耗，
- 节点的剩余时间配额，
- 工作进展内容

时，并没有比较上述各方之间是否直观合理⊖。

以上方面通常都是各自监控，但往往会忘记互相比较。

示例：计划的最大人力费用的 80% 已经在交付前两周消耗掉了（这本身似乎是合理的），但工作进展只达到 20%。

减分原因 13
给 GP 2.1.3 的评分总是只与 GP 2.1.2 的一样高　　[intacsPA]

监控以计划的存在为前提，因此只能在事先计划范围内进行监控。这一点在 Automotive SPICE 中有明确规定，即对 GP 2.1.3 的评分建立在 GP 2.1.2 的内容上。

减分原因 14
对 GP 2.1.3 的评分也与 GP 2.2.3 和 GP 2.2.4 有关

可以断言，GP 2.2.3 和/或 GP 2.2.4 的减分也会导致 GP 2.1.3 的减分，因为忽略了对工作产品管理和检查应该能通过监控而发现。

但事实上情况并非如此。因为 GP 2.2.3 和 GP 2.2.4 的内容只涉及实施操作，即它们不包含对于自身的计划和监控的说明。所有有关 PA 2.2 活动的计划说明包含在 GP 2.1.2 中。这意味着，对 PA 2.2 的活动没有进行控制将导致 PA 2.1 的减分，而不是对 PA 2.2 减分。

4.3.2.4　GP 2.1.4 调整

减分原因 15
给 GP 2.1.4 的评分最多与 GP 2.1.3 的评分一样 [intacsPA]

⊖　如 4.1.1 小节开端有关 GP 2.1.1 的项目目标种类所述。

调整的前提是有计划和在此基础上进行监控，因此只能在通过监测到的目标值和实际值间的差异范围内进行调整。

特例：如果在某些场合虽然没有计划和监控，但对问题的反应是成功的，可以在评估 GP 2.1.4 时给予一定奖励。如果把 GP 2.1.3 评为 N 或 P，但可以给 GP 2.1.4 评为比如 P 或 L。但任何情况下都不应将这种特例的 GP 2.1.4 评为 F。

减分原因 16
对 GP 2.1.4 的评分也与 GP 2.2.3 和 GP 2.2.4 的评分有关

如果 GP 2.1.3 正确地监控了工作产品管理（GP 2.2.3）和工作产品检查（GP 2.2.4）的实施（而且没有出现 4.3.2.3 小节减分原因 14 的情况），但是没有对有必要调整的地方进行调整，那么在上述减分原因 15 之外还应为此给 GP 2.1.4 减分。

不减分原因 4
GP 2.1.4：没有版本管理的计划

评估人员须知 13 讲过，评估员（4.1.6 小节）通过比较两个版本的计划文件（如果计划文件版本化了），可以对 GP 2.1.4 意义下的调整给出证明。

反过来，如果对计划文件没有版本化，因此被评估者无法提供上述方式的证明 GP 2.1.4，不等于就可以给 GP 2.1.4 减分。原因是，关于被评估者设立文件版本的决定取决于 SUP.8 的 BP 1 和 BP 2，不能由流程评估模型或评估员来决定：尽管计划文件的版本是有意义的，它不仅是建立估值数据库的基础（参见 4.1.1 小节），而且还是 GP 2.1.4 的有效证明，但这并不意味着可以遵照外部指示，而不是流程内部规定。

不减分原因 5
GP 2.1.4 并非必须

如果在评估时由于没有偏差而没有必要进行调整，则不应给 GP 2.1.4 减分。在这种情况下，GP 2.1.4 评分等于 GP 2.1.3。

减分原因 17
对始终出现的计划偏差的评估（GP 2.1.4 对比 GP 2.1.2/GP 2.1.3）

场景 1

进行系统测试的独立组织单位没有足够的资源。尽管所有必要的测试内容都进行了，但是各项目的测试周期都被推迟了，系统测试部门的瓶颈压力越来越大。

如果我们假设：这些延误总是正确地反映在该部门计划中，这样，什么时候哪个项目轮到测试一直是透明的。再进一步假设：该问题升级没有得到重视，即管理层没有解决问题。

在这种情况下，对 GP 2.1.2 和 GP 2.1.3 给好评，因为：

■ 项目能够按照计划指示何时需要测试周期，

■ 并且系统测试部门总是比较目标值和实际值，并及时修改计划。

但是要给 GP 2.1.4 差评。问题已经升级，管理层也看到了，但没有任何反应。从项目角度出发，这阻止了对现实的调整。对于所有人共同担责的流程 SYS.5 系统测试，没有采取控制措施，而只是在计划中事后记录下来。

GP 2.1.6 资源在此也同样要给予减分。

场景 2

与上述情况相同，只是这次管理层努力处理升级的问题，对问题进行评估后做出管理层决策：由于企业资源不足，无法也不会得到补救。

在这里，不能给 GP 2.1.4 减分，因为调整流程没有失效：信息有，传递了，也做出相应决定了。只有这些（！）是流程必须确保的。最高层决策的实际内容不能归咎于流程能力。

4.3.2.5　GP 2.1.5 职责和职权

不减分原因 6
GP 2.1.5：没有正式的角色定义

评估人员须知 9（4.1.4 小节）指出，如果不存在正式的角色定义（如 CL3 中所述），不可以因此给 GP 2.1.5 减分。

不减分原因 7
GP 2.1.5：书面确定规则或不需要？

在 4.1.4 小节有关 GP 2.1.5 中我们已经看到，为什么在不考虑具体情况下，并不总是要求项目中商定的职责和职权必须笼统地记录下来。

在此需要评估的不是项目是否记录了以上决定，而是该决定是否：

a）存在。

b）确实发生作用，不是虚设。

c）而且对于结果是有效的。

如果口头声明也满足了上述要求，则不能因为缺少文件而给 GP 2.1.5 减分。如何在访谈中做到这一点，见 4.1.4 小节评估人员须知 10。

减分原因 18
对 GP 2.1.5 的评价影响所有 PA 2.1 和 PA 2.2

如果在责任分配或责任分配的认识方面存在重大缺陷，以至于无法给 GP 2.1.5 评 F 或 L，虽然其他 GP 理论上可能评为 F，PA 2.1 的评分也不能高于 L。

原因： 比如

■ 项目经理声明，质保员负责评估错误密度，但是质保员回答说，那是高级程序员该做的。

■ 质保员声明，高级程序员发邀请组织代码审评，但是高级程序员回答说，应该是质保员作为负责人召集该活动。

这样一来就是影响计划的执行，甚至导致计划中断。即使在评估时，计划仍然是符合现实的，但职责和职权不到位也会对组织单位或项目的计划和管理带来直接的风险，因为评估始终只是反映特定时间的情况，并不代表未来。此类流程风险意味着 PA 2.1 不能得到满分的成绩。

4.3.2.6　GP 2.1.6 资源

减分原因 17（4.3.2.4 小节）和减分原因 27（4.3.2.9 小节）也适用于此。

减分原因 19
GP 2.1.6：员工资格培训不足或不及时

给 GP 2.1.6 减分，如果：

■ 完全没有进行资格培训。

■ 资格培训不符合流程/任务要求。

■ 资格培训虽然符合流程/任务要求，但不及时。

如果资格培训只是为走形式而举行，不讲效果，给 GP 2.1.6 减分。

如果聘用外部顾问纯粹是为了工作外延的目的，并没有有效的知识转让，也要给 GP 2.1.6 减分。

原因： 纯粹协作性参与，而不在内部进行有效的知识转让，不影响 CL1 的成绩，但对于能力级别 2 的目标、这不利于可复制的流程成功。

有关基本资格培训的途径见 4.1.2 小节评估人员须知 6。

减分原因 20
对 GP 2.1.6 的评价也会影响 PA 2.2

必须确定资源给 GP 2.2.3 中的（如工具）和 GP 2.2.4 中的（如检查员，检查清单等）。从减分原因 8（4.3.2.2 小节）和评估人员须知 14（4.1.6 小节）也可以看出这一点。因此，如果评估中未观察到这一点，则给 GP 2.1.6 的评分最多是 L。

减分原因 21
给 GP 2.1.6 的评分绝不能高于 GP 2.1.2

GP 2.1.6 明确规定应根据 GP 2.1.2 中的计划配齐资源。资源的合理配置并不是从天而降，而是一定要有计划的。因此，资源保障只能保证得到计划调配好的资源。

4.3.2.7 　GP 2.2.1 对工作产品的要求

不减分原因 8
GP 2.2.1：模板（Templates）不存在

鉴于评估人员须知 15，即使模板不存在，评估员也不能因此降低 GP 2.2.1 的评分，因为 Automotive SPICE 没有这方面要求。

但请注意：

■ 此声明并不意味着不需要工作产品的结构性质量标准（参见 4.2.1 小节），而仅表示不一定要通过模板完成。

■ 如果 CL3 层面上的标准流程指定了模板，那么对 GP 2.2.1 来说，隐含了这个要求（见 6.1.1 小节评估人员须知 45）。

不减分原因 9
GP 2.2.1：先前项目的模板

如果使用其他或先前项目的模板（无论是修改的还是未修改的），都不能因此降低对 GP 2.2.1 评分（参见以上不减分原因 8 及 4.2.1.1 小节评估人员须知 16）。

原因：GP 2.2.1 仅是关于为工作结果给出有用的和提高质量的规定，模板是达到这个目的可能工具之一。只要这些模板有用并在用，它来自哪里对 GP 2.2.1 并不重要。无须在每个项目中从头开始重新设计模板。

不减分原因 10
GP 2.2.1：标准流程的模板被忽略

如果有一个标准流程提供了模板，那么显而易见，希望这些模板得到使用。但是，项目可能使用其他模板，比如因为认为它们更适用或者因为不了解标准模板。如果这些其他模板是有效并能导向目标，则不能因此降低 GP 2.2.1 评分。忽略标准模板仅降低 GP 3.2.1 评分（另请参见 6.2.2 小节减分原因 36）。

理由：GP 2.2.1 只是为工作结果给出有用的和提高质量的规定，不问它们来自何处。

不减分原因 11
GP 2.2.1：检查清单并非必需

Automotive SPICE 不要求检查清单。GP 2.2.1 仅要求必须有质量标准，Automotive SPICE 未规定采用何种形式。检查清单在实践中是常用的，这并不意味着被评估的项目会因没有建立检查清单而一定有风险。因此，除非存在减分原因 25（4.3.2.9 小节）中所描述的情况，否则不能因为没有检查清单而降低给 GP 2.2.1 的评分。

但是请注意：本结论并不意味着不需要工作产品的质量标准（参见 4.2.1 小节），而是仅表示无须通过检查清单进行检查。

减分原因 22
GP 2.2.1：没有检查清单也没有质量准则

检查清单不存在（参见上面不减分原因 11）并且
■ 也完全没有进行质量准则相关的任何活动，即没有根本没有考虑到，
■ 或者无法解释为什么选择的评估标准是正确的，
则不能给 GP 2.2.1 评 F。

但是：GP 2.2.1 的评分仍然可以是 L 或 P，因为有用的质量标准并不是 GP 2.2.4 中唯一的检查标准。

减分原因 23

GP 2.2.1：CL2 没有顾及 CL1 的质量准则

如果认为 GP 2.2.1 中不需对 CL1 的质量准则进行控制就能实现，即 GP 2.2.1 中仅使用"更高"的 CL2 质量准则（见 4.2.1.2 小节，质量准则内容的分类和讨论），则给 GP 2.2.1 减分。

但是：GP 2.2.1 仍然可以是 L 或 P，因为有用的质量标准并不是 GP 2.2.4 唯一用来检查的标准。

4.3.2.8　GP 2.2.2 和 GP 2.2.3 工作产品的处理

减分原因 14（4.3.2.3 小节）也适用于此。

减分原因 24（有例外）

给 GP 2.2.3 的评分始终不高于 GP 2.2.2 ［intacsPA］

GP 2.2.3 建立在 GP 2.2.2 之上，GP 2.2.3 要符合 GP 2.2.2. 框架内定义的操作要求。鉴于此，GP 2.2.3 的评分始终不能高于 GP 2.2.2，因为未定义的内容也不可能遵守。

例外：对某些员工在没有得到项目或组织单位指令情况下，也主动以周密思考和有意义的方式记录和控制他们的工作产品，要给予奖励。具有改善流程的心态很重要！在这种自发主动情况下（只要以目标为导向），GP 2.2.3 评分可高于 GP 2.2.2，但 GP 2.2.3 不可评为 F。

4.3.2.9　GP 2.2.4 工作产品检查

减分原因 14（4.3.2.3 小节）也适用于此。

减分原因 25

GP 2.2.4：在检查中忽略已有的检查清单

如果存在检查清单（参见 4.3.2.7 小节不减分原因 11），但它们被忽略或只是部分参考，则必须给 GP 2.2.4 减分。

注：有人问，是否这种情况不该对 GP 2.2.4 减分，而该对 GP 2.2.1 减分，这是一个纯粹的主观感觉问题。因为归根结底，最终 PA 2.2 是作为一个整体来评分的。

减分原因 26（有例外）

给 GP 2.2.4 的评分始终不高于 GP 2.2.1［intacsPA］

GP 2.2.4 建立在 GP 2.2.1 之上，GP 2.2.4 要符合 GP 2.2.1 框架内定义的操作要求。鉴于此，GP 2.2.4 的评分始终不能高于 GP 2.2.1，因为未定义的内容也不可能遵守。

例外：对某些员工即使在项目或组织单位没有定义评估标准情况下，也能主动地按照自有的、隐含的建设性标准检查工作结果，要给予奖励。具有改善流程的心态很重要！在这种自发主动情况下（只要确实导向目标），GP 2.2.4 评分可高于 GP 2.2.1，但 GP 2.2.4 不可评为 F。

不减分原因 12

GP 2.2.2：规定不完整

减分原因 26 的后续问题：

如果员工在 GP 2.2.4 中实际检查的准则比规定的多，那么就必须提出疑问，是否定义了足够的准则。凡是有意义的并经实际检查过的准则，也应该列入给定标准准则中，因为质量的进一步发展也源于员工的反馈和建议。请按以下步骤进行：

■ 当采用减分原因 26（见上文）时，不要再次给 GP 2.2.2 减分。

■ 如果没有引用减分原因 26，请对照 GP 2.2.3 给 GP 2.2.2 减分。

减分原因 27

GP 2.2.4：资源短缺时的检查范围

场景：

项目中的资源不足，不足以成为没有完成规定的检查频率和检查覆盖率的原因。在有限的资源下，检查频率和检查覆盖率定义为：对每个工作产品至少能进行一次测试。

在这种情况下，给 GP 2.2.4 减分。另外，因为资源短缺，给 GP 2.1.6 也减分。在评估报告和结论说明中，特别是向管理层阐明两件事：

■ 资源短缺是造成质量风险的原因，而资源短缺不是小瑕疵！决定分数的不是对工作产品质量所做的努力，而是真正达到的质量！

■ 项目和质量员工个人都不能对流程承担全部责任；这一责任也落在直线组织肩上，他们也要对资源负责（另见 GP 2.1.7）。

第5章 能力级别2级——流程具体解释

在本章中，第4章中的许多见解被具体应用并扩展到 HIS 范围的各个流程，所以在阅读本章前，首先要阅读第4章。本章中有意没有选取一个实践场景来说明各个流程，因为任何一个场景只能涉及某些方面，无法面面俱到，而本书的目的是提供尽可能多的选择。

本书旨在作为评估期间的参考书，对某些 GP 的陈述（例如，哪些工作产品也应在测试过程中进行测试，怎样测试）将在一些章节中重复出现，而不是引用或参见某一章节，主要为了避免阅读过程中在章节间翻来翻去。另一方面特定内容将综合在一起在独立的子章节（如工具使用培训的前提条件或 SUP. 8、SUP. 9 和 SUP. 10 的通用条件）中描述，在一定程度上避免重复。

本章将根据 V 模型自左上往右下依次介绍各个程序。在每个流程解释中，通常不遵循与 GP 的编号相对应的顺序，而是从适合教学的角度来介绍。例如，首先说明需要哪些资源，再说其中的人力资源所需的能力。

5.1 所有流程的特性

5.1.1 GP 2.1.1——流程目标（实施目标）

节点日期和持续时间 [Metz 09]，[intacsPA]

例如在学习经验教训的背景下，用户向管理员提交工具使用的反馈意见；或在 CL3 的情况下，向负责标准流程维护人员提交的反馈意见。这些反馈可以视为一个面向节点时间的流程目标。

评估人员须知 28

评估每个流程中的基础设施和工具？

有人说，与其在每个流程的 CL2 评估中，分别评估其对应的基础设施、工具和管理等方面（如维护和配置工具，足够的使用许可），不如将这些在一个有关基础设施管理的流程中集中评估，例如，ISO/IEC 15504 – 5：2012 中的 ORG. 2。

这本书建议分别评估，因为：

a）这样的基础设施管理流程不是 Automotive SPICE v3.0 的一部分；即使它是，它对所有流程的 CL2 都有影响，例如 SUP 流程。

b）GP 2.1.6 中明确提到基础设施资源，它们的管理员可以看作是 GP 2.1.7 的利益相关方。

c）SUP.9 和 SUP.10 的基础设施就是一个很好的例子，用于区分 CL2 与 CL1 的性能（另见 5.15.4 小节评估人员须知 36）。

5.1.2 GP 2.1.2、GP 2.1.3、GP 2.1.4——计划、监控和调整

仅仅拥有工具许可证并不是一个流程目标，因为您已经需要它们来实现 CL1 的目标。确保有足够的许可证是有序运行各流程的计划任务之一。因为如果许可证数量不足，则只有通过一个技术知识最全面的员工来加快（例如在一个周末）解决所有问题和变更需求。

所有所需流程和工具的培训也是计划的一部分，因为 GP 2.1.6 要求及时提供合格资源［Metz 09］，［intacsPA］。我还希望工具管理员和工具使用者之间交流经验反馈，原因请参阅上文。

如果在项目中，将设置存储库和设置用户等任务分配给公司已有的工具管理员，这些任务也要在项目中进行计划。这同样适用于组织内部没有自己的管理人员，必须委派外部服务提供商的情况。

5.1.3 GP 2.1.5——职责和职权

对于项目或公司内的工具管理员（例如 IT 领域）［Metz 09］必须明确规定他们的能力范围和任务。

5.1.4 GP 2.1.6——资源

必须提供计划使用的工具及其许可证。在没有标准流程（CL3）的情况下，如果项目中有成员对工具了解够深，可能会对软件工具或多或少进行调整，使其适用与项目自己的流程（自定义或编写脚本）［Metz 09］。

流程中所有参与者必须会使用（可能经过调整的）工具和基础设施。此外，他们还必须有必要的产品技术知识和领域知识以及足够的专业经验。

5.2　SYS.2——系统需求分析

首先参看 5.1 节。

5.2.1　GP 2.1.1——流程目标（实施目标）

节点日期和持续时间

需求规范不需要在某个节点日期前全部完成。部分功能的功能性和非功能性需求必须根据项目发布计划和样品计划［Metz 09］里商定的日期完成开发、测试和验收（GP 2.2.3、GP 2.2.4)$^{\ominus}$。

自动后舱盖的机电系统示例如下：

示例 12

■ 在交付 B1 样件前 8 个月，必须完成自动打开和关闭（即行为）及其非功能性要求（即操作特性和边界条件，如速度、音量和最大力）的描述。

■ 在交付 C1 样件前 8 个月，必须完成间接的防夹保护及其诊断，保证使用安全，避免自动关开产生的伤害这些功能的描述。这里具体指后舱盖的停止并反转功能，以及相关的非功能要求，比如在什么时间内检测到障碍物，一旦检测到障碍物，必须关停执行器。

附注 8

Automotive SPICE 中发布计划是哪个能力级要求的，包括哪些内容？

产品发布管理必须在 CL1 上完成。但是，没有为此目的设立单独的流程，而是分成以下几个部分：

■ MAN.3 BP 7. 有关各方必须已商定，各方必需的工作产品、信息或产品［VDA_BG］。

■ SPL.2 产品发布流程专门用于实际的物流产品交付及其内容［VDA_BG］。它明确包括工作产品指标 11 - 04 产品发布包（Product Release Catalogue）。

■ 产品由特定配置项或者配置元素组成。这不仅与 SUP.8 有关，还和 SPL.2 产品发布流程［VDA_BG］有关。

此外，在 SYS.2 和 SWE.1 中，我们在每个 BP 2 的注释中看到，一个典型的分类标准是按发布分类。

$\ominus$　关于 GP 2.2.2 的验收和 BP 里"沟通……"的区别，参见 4.1.3 小节评估人员须知 8。

支出

如果一个项目是一个接管开发或一个产品线开发，它的最大支出是对基础需求进行评估和修改。为了做到这一点，必须弄清不同的项目类型和类别有哪些典型的支出，这反过来又有助于建立估算数据库（参见 4.1.1 小节）。

最大支出必须与节点日期和持续时间一致，见上文。

变更需求的处理也是该流程控制的一部分（见 5.15.1 小节附注 21）。

方法和技术

根据需求确定开发成本的具体估算方法，应参考相关文献。

获取和规范需求的技术方法之一是用例方法（use case method）（见 2.7 节）。

下面的例子（图 5-1）描述了一种检查功能依赖性的技术，采用的例子是自动后舱盖系统中部分功能（对于 GP 2.1.5 而言，这项技术适用于同一需求规范有多个作者的情况）：

示例 13

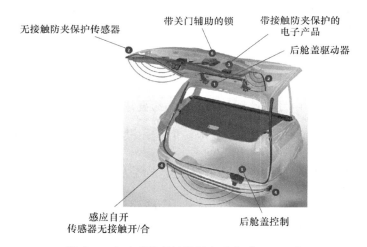

图 5-1　自动后舱盖结构图和功能〔Metz 14〕

■ 关门辅助

一项舒适功能（comfort function），当后舱盖到达末端位置上方的预卡位时，电动机将后舱盖拉到末端位置，并在完全到位后锁好后舱盖。

■ 感应自开（Hand Free Access – HFA）

在腾不出手的情况下，可以在保险杠下踢一下脚，如果系统感应到脚的动作，并同时检测到车钥匙的无线信号，将自动打开后舱盖。如果车主恰好此时撑着后舱盖和邻居聊天，此时车底盘下奔跑的猫不会触发这一功能。

■ **锁控制**

■ **防夹保护**

即可靠地检测阻力、执行器制动和反转后舱盖。

■ **热保护**

用于后舱盖驱动器。如果孩子们玩后舱盖，不停开关，会引起电动机过热损害驱动器。

问题：如果这些子功能是由不同的作者定义的，则可能导致以下的产品安全隐患：

■ 感应自开（HFA）示意开锁。但是，当车辆移动或即将起动时，不得打开后舱盖。

■ 防夹保护正确检测到阻力，例如后舱盖边缘的儿童手指。然而，由于机械惯性，后舱盖还是到达预卡位，从而激活了关门辅助装置，否定了防滑保护的反转后舱盖的要求，就会夹到孩子的手指。

■ 后舱盖驱动器的热保护可能与锁定保护发出的最后一个必要的电动机控制冲突。

发现以上危险的分析技术（图 5-2）：

↓"前" →	关门辅助	门锁	防夹保护	热保护
关门辅助	–	✔	⊗	✔
门锁	✔	–	⊗	✔
防夹保护	✔	✔	–	✔
热保护	✔	✔	⊗ ⊗	–
图标：				
⊗⊗	–	产品安全风险		
⊗	–	质量风险(损坏正常行为)		
✔	–	正常行为或者无风险		

图 5-2　有关指导词"前"的简化了的分析结果

1）根据系统功能创建矩阵。

2）使用指导词（guide - words）⊖对矩阵中的每个单元格提出以下问题：

⊖　改编自 IEC 61882。

■ 一点也不/部分：

如果两个功能应并行运行，但其中一个被禁止或未完全执行，会发生什么情况？

■ 既……也……：

如果两个功能不应该并行运行，但是重叠运行了，会发生什么情况？

■ 时间上的早或晚：

如果两个功能应该在不同的时间运行，其中一个发生得太早或太迟，会发生什么情况？

■ 因果关系的一前一后：

如果两个功能该按顺序运行，但事实并非如此，会发生什么情况？

根据以上结果生成对整个系统或者部分系统的新的需求定义。

5.2.2　GP 2.1.6——资源

资源是需求的作者以及所需的软件工具和其许可证。

注意附注 21（5.15.1 小节）：处理变更需求和确立现有需求规范是同一批员工，不会因为变更需求增加新员工。

5.2.3　GP 2.1.5——职责和职权

在大多数情况下，一个人负责所有系统需求。对于系统需求的不同部分，有几个作者也可能更符合（见上面的例子 13）实际情况：后舱盖的每个子功能都很复杂，一个人很难具备全部专业知识。在多个作者的情况下，为了更好理解功能之间的依赖性、接口和信号处理时间等问题，

■ 需求作者群内部，作者群之间必须经常交流，并且

■ 需求作者小组需要机械件、软件和硬件领域的技术咨询和帮助。

在操作产品线时，标准需求规范的作者群也是规划资源之一，不同作者负责标准功能规范中相应子功能的需求定义。他们将给项目特定需求的作者提供咨询。

5.2.4　GP 2.1.7——利益相关方管理

需求的接收者和审查者是：

■ 系统测试工程师［Metz 09］，对系统需求的可测试性给予反馈。

■ 机械件、硬件和软件的开发人员［Metz 09］。他们必须了解系统需求：

● 从而推导出与机械、硬件和软件相关的具体需求（提示：Automotive SPICE 指出，软件需求可以直接由系统需求产生，而不需要通过架构和设计间接

产生，例如使用的总线协议。硬件需求也可以直接产生，例如整个系统的电气需求)。

- 如果没有系统工程师，他们还要推导出系统架构（参见 5.3.2 小节）。

以上各方应参与系统需求的评审，与系统需求作者进行面对面的讨论。只有通过专业讨论才能真正理解系统之间的关系。机械设计师、软件和硬件开发人员不太可能通过阅读资料文档就可以完全理解系统层。不是每个人都可以在面对面讨论中的随时都有所贡献，看上去似乎在浪费时间；可只要有一个相关问题或提示出现，相关人员可以立即做出反应。在测试过程中，甚至是在现场，才发现和纠正这些问题的成本更高。

■ 典型客户项目的客户代表［Metz 09］。他们必须检查需求是否已正确反映在技术内容中［Metz 09］。他们还必须确定需求描述的精准性，是否影响客户日期或签订合同的成本［Metz 09］。他们必须有权确认和签字［Metz 09］。

■ 在新开发和新订单的情况下，自己的技术销售和市场部门［Metz 09］，双方必须对产品性能有正确的认识，才能做出现实的承诺并签订合同。

■ 自己的生产和质量规划者。产品开发中可能会提出对下线（End – Of – Line）测试的需求和前提条件，有必要和生产与质量规划人员一起讨论。

■ GP2.1.7 还将考虑产品线标准系统需求规范的作者，他们担任顾问，因为他们（必须）关注对客户项目中的修改，以便在必要时将这些修改增加到标准系统需求中，或者使其成为系统需求的新变型。

注意：以上各方也是该考虑的需求的来源。

给予质量保证员权力，对系统需求评审中发现的问题进行合理性随机抽查。详见 SUP.1 的 GP 2.1.7（参见 5.14.5 小节）以及那里给出的提示。

5.2.5　GP 2.1.2、GP 2.1.3、GP 2.1.4——计划、监控和调整

详细规划是指需求作者团队和利益相关方代表之间的互动，从而实现流程目标。

变更需求的处理也应被视为该流程控制的一部分（见 5.15.1 小节附注 21）。

5.2.6　GP 2.2.1——工作产品需求

在 4.2.1 小节中有关 GP 2.2.1 的部分指出，工作产品的结构要求是 CL2 的性能，因为在 CL1 中，流程目标可以在内容上"以任何方式"实现（参见 3.3.2 小节）。对于需求流程，CL1 上的 BP 已涵盖以下各项最新技术。因此，在 CL1 中可以期望达到：

■ 唯一标识符（SYS.2 的 BP 1 和 BP 2）。

■ 验证标准（SYS.2 的 BP6）：这些也可以看作是相关文献中经常提到的需

求的验收标准。

■ 优先级（SYS. 2 的 BP2），因为资源有限，有些情况下可能无法满足所有需求。如果在检查和测试期间检测到需求之间的冲突，按优先级区分可以解决冲突。

■ 产品发布（SYS. 2 的 BP2），在没有单独的发布计划的情况下（参见 5. 2. 1 小节附注 8）。

■ 可追溯性（SYS. 2 的 BP2，SYS. 3 的 BP6，SYS. 5 的 BP2，SWE. 1 的 BP6），如果还不能靠基于工具的链接来显示可追溯性，就给出直接的可追溯性参照。例如，在软件工程层（SWE. 2），软件组件或单元的名称（参见 5.6 节附注 11 的专用术语问题单元和组件）。

CL2 要求的结构规范包括，例如：

■ 状态（另见下文 GP 2. 2. 2）

■ 评论

■ 需求类型，如需求、评论、标题等，作为读者的定向辅助和附加过滤可能性

■ 作者（owner，参见上文中的 GP 2. 1. 5）

■ 其他属性项

请注意，不单是设计流程需要建模指南，需求也需要它，例如 SysML 概要（profile）。因为需求描述可以把文字和图形符号组合起来。

CL1 其实已经要求以下质量标准：

■ **无设计（不包含设计）**

需求描述的是期望，它们从不描述技术实现方案。否则，需求过程将与设计过程重叠，从而不完整。

■ **完整〔SophBl〕**

包含即将发布的版本的所有功能，否则就没有达到流程目标。

■ **明确〔SophBl〕**

解释空间太大会使何为正确变得模糊，或者造成判断正确与否变得困难，甚至不可能。但是这个情况并不一定发生，因为在产品线需求工程领域，经验丰富的专家比经验少的对需求明确的依赖性小。在需求描述不明确的情况下，依然能正确理解该需求。尽管如此，我还是把这一带有疑问的标准划入 CL1。

■ **正确〔SophBl〕（见 BP 3，BP 7）**

■ **已归类〔SophBl〕（见 BP 3）**

■ **可实现〔SophBl〕（见 BP 3）**

■ **已评估或分析〔SophBl〕（见 BP 3，BP 4）**

■ **有效和当前的（updated）〔SophBl〕（见 BP 2、BP 6、BP 7）**

- 必需的［SophBl］（见 **BP 6**，**BP 7**）
- 可追溯的［SophBl］（见 **BP 6**，**BP 7**）
- 可检查/测试［SophBl］（见 **BP 5**，注释 **5**）

在 CL2 中，我还将内容的可重用性（尤其是在产品线中）和模块化视为有效的质量标准，后者已经通过 5.2.3 小节中涉及关于作者组的讨论。

记住 4.2.1 小节提到的：GP 2.2.1 必须保证 CL1 和 CL2 质量标准。

如果您不能在项目中保证 100% 的检查覆盖率，那么请遵循基于风险的策略（详细信息请参阅 4.2.1.4 小节中检查覆盖率）［Metz 09］。

5.2.7　GP 2.2.4——检查工作产品

请先参阅 4.2.4 小节中的所有帮助。

不要忘记，CL1 就要求可追溯性覆盖率以及沿着追溯链内容上的一致性，参看 4.2.1.2 小节附注 4。SYS.2 中需求的可追溯性要注意保证与利益相关方需求（SYS.1）的可追溯性。利益相关方需求不仅包含客户需求和内部规范，还包括例如法规和技术行业标准等。

如果工具技术上可行，建立和评估客户需求和其他内部需求规范的自动跟踪报告，以提高效率。

评审不一定非要正式，非正式的评审（如同行评审）也非常有价值！作为证明，请在文件的修订历史中或配置项检入注释中，记录评审员工姓名。

操作产品线中，因为项目必须尽可能满足客户需求而引进研发变型，项目的需求作者将获得标准需求规范作者提供的咨询。这也被认为是一个隐含的评审：首先，它不断地对标准需求规范提出质疑，并进一步开发重用；其次，项目专门的需求规范也因此有了一个经过验证的、可以持续重用的基础。

对于多组作者，请注意，让他们一起评审需求。因为各作者小组只关心自己的功能，很少关联思考其他组的功能［Metz 09］。

如果难以达到 100% 的检查覆盖率，给出基于风险的理由（参见 4.2.1 小节）。

5.2.8　GP 2.2.2、GP 2.2.3——工作产品的处理

请先参阅 4.2.2 小节中的所有帮助。

如上所述，每个单独的需求（类似于某些工作产品，对比 4.2.2 小节中图 4-11）有其状态，如已创建、已接受、已拒绝。这样一来可以对个别需求进行版本管理。应该使用工具来完成版本管理，工具可以记录需求处理历史中谁改变了需求。

如果工具支持，请指定作者组是否仅对需求有编辑权或更高的权限。如果每个作者都有编辑权限，则必须遵守共同的原则。每个作者和评审员都必须有阅读

权限（见上文有关 GP 2.1.7 部分）。

附注 9

首先按 CL1 验收系统工作结果：

按照以质量为导向的逻辑，将按以下顺序生成技术系统。在验证层 n 假定，错误的原因可能在与验证层 $n-1$ 相对应的 V 模型左侧。

1. 系统需求
2. 系统架构　　　　　　　　　　⎫请注意 Automotive SPICE
……机械件，软件和硬件的研发⎬ 附注 D.1 的插件概念
3. 系统集成测试　　　　　　　　⎭
4. 系统合格性测试

注意： 不能将以上技术系统错误理解成瀑布模型或其他类似模型。以上顺序不是对所有需求总体而言的，而是对每个功能（即一组需求），每个功能都该按照这个顺序。这意味着一组功能可以并行完成，也可以迭代和增量完成。产品线环境中的项目可以使用预审合格的子系统。预审指的是组件测试和集成测试。沿用预审的程度还取决于项目中使用的组件或子系统的变型。

然而，在实践中，已处于 B 或 C 样品阶段，仍有软件代码评审或软件单元测试在系统集成之后或甚至在系统和合格性测试之后才发生的特例。

这费时又不经济，因为问题越晚被发现，修改成本越高。评估员也可能会问您顺序不合规的原因，您得有心理准备，做出解释。

再按 CL2 验收系统工作结果：

实践中不会只将 SYS.2 到 SYS.5 中的单个工作产品毫无联系地单独发布，不做其他任何事情。要发布的是系统的整体性能，不是每个流程的工作产品。所以需要将 SYS.2 到 SYS.5 结合起来考虑，确定工作产品之间的联系。

例子：

- 后舱盖开合功能：已发布
- 系统架构：已发布
- ……　　　　　　　　　　　　　　　　　　⎫
- 系统集成，测试用例：已发布　　　　　　　⎪
- 系统集成，测试结果：提交 + 已进行风险评估 ⎬ 发布系统
- 系统合格性，测试用例：已发布　　　　　　　⎪ 功能开/合
- 系统合格性，测试结果：提交 + 已进行风险评估 ⎭

注意： 根据图 4-11（4.2.2 小节）中的已发布状态显示工作产品评审（即 review）已经完成。因此，通过 GP 2.2.2 定义所有系统和软件流程，在哪

些条件下：

■ 单个系统组件和

■ 系统功能

可以发布。

上文所说的效率低和不经济的问题，在项目层（CL1 里的 MAN. 3），以及 CL2 的 GP 2. 1. 1 ~ GP 2. 1. 4 中，要区别对待。尤其是，在满足发布条件下，但研发顺序不合规，比如导致发布日期延迟的情况。为了区分 CL2 要求的发布和 CL1 的信息内容传递，请参看评估人员须知 27（4. 2. 2 小节）。

根据附注 9，在系统流程（SYS. X）之上确定系统性能发布策略。

与迭代或增量对应的部分需求规范应由以下人员非正式发布：

■ 系统测试人员

■ 机械、硬件和软件的开发人员（见上文 GP 2. 1. 7 中与此有关的简短讨论），以及

■ 自己的生产计划人员和质量计划人员

需求规范的所有部分应作为一个整体正式被：

■ 有权签字的客户代表验收。除了合同法方面的原因外，供应商通常还具有更丰富的经验和能力，能更好确定并判断需求细节。

考虑给予质量保证员对发布有否决权，例如，在未解决发现的缺陷或个别需求状态不正确的情况下（详情参见 5. 14. 5 小节 SUP. 1 的 GP 2. 1. 7），质量保证员有权否定发布。另一个可能是：质量保证也是发布方的成员。

还要记住（真实或数字）签名的心理影响。

上述所有其他利益相关方通过参与需求检查对其内容有了解。

5. 3　SYS. 3——系统架构设计

首先参看 5. 1 节。

附注 10：

CL1 中要考虑哪些类型的接口？

机电系统中，系统层的接口规范包括以下系统要素之间的接口：

■ 机械和电子硬件（如电机末级控制）。

■ 电子硬件和软件（例如微控制器 IO 寄存器的配置）。

■ 机械件和软件（例如，由于机械变形，自动后舱盖的逻辑位置（通过对霍尔传感器信号的处理得出）与其实际物理位置之间的不一致）。

如果系统边界是电子设备，那么接口规范包括：

■ 硬件和软件（例如微控制器 IO 寄存器的配置）。
■ 多个微控制器之间的通信（如 SPI）。

5.3.1 GP 2.1.1——流程目标（实施目标）

节点日期和持续时间

包括接口规范的系统架构设计规范，不需要在某个规定日期前全部完成。按照项目的发布计划和样件计划［Metz 09］，需分步完成系统需求或子系统需求，并提供与该需求对应的技术解决方案（另见 5.2.1 小节页下注，示例 12 和附注 8）。

支出

如果一个项目是一个接管开发项目或一个产品线项目，它的最大支出是对基础需求进行评估和修改。为了做到这一点，必须弄清不同的项目类型和类别有哪些典型的支出，这反过来又有助于建立估算数据库（参见 4.1.1 小节）。

最大支出必须与节点日期和持续时间一致，见上文。

方法和技术

可以规定电子和机械开发的设计规则。

5.3.2 GP 2.1.5、GP 2.1.6、GP 2.1.7——职责和职权、资源、利益相关方管理

资源首先是所需的软件工具和许可证，例如：
■ 用于开发尺寸图、方向图和零件图的 CAD 工具。
■ 用于以下方面的软件工具：
• 强度计算，如有限元模型（FEM）。
• 模拟仿真。
• FMEA。
■ 软件建模工具，例如 SysML 也适合作为软件级以上的建模语言。

评估人员须知 29

FMEA 和 FEM 计算是否必须在 SYS.3 进行评估？

Automotive SPICE PAM 附录 D.6 描述了如何理解和界定 SUP.2 验证流程：所有测试和静态软件验证之外的验证的方法都将在 SUP.2 中进行评估。

自能力级别 CL1 起，静态软件验证（SWE.4）和测试（SWE.4、SWE.5、

SWE. 6、SYS. 4、SYS. 5）检查一个对象在实现后是否满足对应的需求或设计规范。

各种有限元计算和 FMEA 不属于验证或测试，因为它们：

a）发现给定设计的故障模式。

b）成为新设计需求的来源。

c）出现在设计过程中（它们不是已经确定的设计的任何后续文档）。

因此，我认为有限元计算和 FMEA 是实现 SYS. 3 的 BP 5（BP5 是评估不同系统架构、定义系统设计的评估标准……）的可能的评估方法。

尤其在产品线或模块化方法中，其他资源还包括重用的标准组件中的电子件，特别是机械件。

评估人员须知 30

机械件和硬件的标准组件是否真属于 SYS. 3？

被使用标准组件（这里指机械件和硬件）的需求属机械和硬件流程，和 SWE. 3 软件设计流程处于同一层。

■ 按插件概念框架（见附录 D. 1），机械件和硬件流程是 Automotive SPICE PAM（流程评估模型）的扩展，目前在技术上它还没有被一致认可并发表。

■ 此类信息和问题多出现在机电一体化背景下的评估中。

我建议我们暂时对标准机械件和硬件组件在 SYS. 3 进行评估，标准软件组件在 SWE. 2 和 SWE. 3 中进行评估。

无论是机电一体化系统还是电子系统，系统架构设计绝对是一个多学科问题。如果没有从事系统架构的系统工程师，则需要机械设计师、硬件或软件架构师，通过安排组织现场研讨会，一起开发系统架构设计。因为，只有通过技术讨论才能真正理解"系统"关系。如果机械设计人员、软件和硬件架构师相互之间没有沟通，各做各的，就不可能够完全理解整个系统，也不可能研发出一个优化的架构方案。如果各自开发部分解决方案，当所有部分解决方案组合在一起时，才发现整体解决方案在技术和经济上都没有得到优化，会导致效率低下。

示例 14

电子层

■ 微处理器的选择必须由硬件层与软件层一起协商。由于成本原因（主要由采购部门驱动），硬件层会选择尽量小的计算机，但软件层需要一定的计算能力（时钟频率、内存），会选择大的计算机。

■ 对硬件层和软件层的常见错误分析表明，IO 必须是可唤醒的，这也是微处理器选择以及软硬件接口设计要考虑的一点。

示例 15

机电一体化层

■ 见示例 2 和示例 3（2.5 节）

■ 自动升降窗

在电动机全功率下将窗户推入门框上部会影响门的寿命。从机械角度来看，根据窗玻璃的位置，生成一个提前关闭的新需求，可以避免窗户过度推入。

■ 自动后舱盖的一个功能，辅助拉锁（见示例 12）。

后舱盖上安装锁止元件后，舱盖合上时进入车身门框缝隙中，缝隙前端有一个预卡位。一到这个位置，辅助拉锁装置就会将后舱盖拉到最终位置。当小孩把手指放在缝隙里或缝隙上时会发生危险。这一危险可以通过一项附加的先进的防夹保护来避免（软硬件合作），或者设计时使缝隙宽度小于儿童手指的直径（纯机械解决方案）。

由于系统架构可能包含多个层次[⊖]，所以可以由不同的人负责不同的子系统，不一定要强制整个团队对最高层次的架构负责。例如，对于自动后舱盖，可以对后舱盖驱动关闭辅助（两者均由机械件、电动机和电子件组成）以及感应自开（包括硬件和软件以及电子件）这三个部件分开写技术解决方案。这样做的前提是，首先识别和分析所有功能之间的依赖性和所有接口（参见 Rubrik 的"方法和技术"中 5.2.1 小节中所建议的方法）。

系统架构设计的评审人员同时也是输入者包括以下人员：

■ 如果一个或多个系统工程师（解释参见 2.5 节）确定了系统架构，则由机械件、硬件和软件的开发人员进行评审。如果没有系统工程师，评审将通过现场研讨会，在一起开发系统架构的活动中隐含进行了，见上文。

■ 系统集成测试员［Metz 09］，给予可测试性反馈。

■ 产线的生产规划员和质量规划员，如果有必要的话也包括直接供应商。根据系统架构，生成生产有关的物料清单、组装和安装空间信息等。

■ 负责维护产品线的标准系统架构人员。他们充当顾问，关注系统架构在用户项目中的修改。如有必要，他们将把这些修改纳入标准系统架构中，或生成新的变型。

■ 自己的采购，鉴别某些物料的限制。否则，这可能会导致后期设计更改。

记住，系统工程师、机械设计师、硬件和软件开发人员也是系统需求的评审

⊖ 类似软件：Automotive SPICE v3.0 附录 C 和附录 D.3 说："软件单元"之上的一切都属于"软件架构"。

员（参见 5.2.4 小节）。

授予质保员权力，对系统架构评审发现的问题，进行随机合理性抽查（更多参考信息参见 SUP.1 的 GP 2.1.7，5.14.5 小节）。

另见附注 21（5.15.1 小节）：对变更需求不会增加系统架构设计人员。

5.3.3　GP 2.1.2、GP 2.1.3、GP 2.1.4——计划、监控和调整

详细规划是指需求作者团队和利益相关方代表之间的互动，从而实现流程目标。

变更需求的处理也应被视为该流程控制的一部分（见 5.15.1 小节附注 21）。

5.3.4　GP 2.2.1——工作产品需求

首先参见 4.2.1 小节中的所有帮助。

建立结构化的质量标准。请注意，您还需要建模指南，比如 SysML 配置文件（SysML profile），因为系统架构设计主要由图形模型表示，并配以文本解释，原因如下：

SYS3 BP 5 "评估不同的系统架构。……记录所选架构的原因。"

符合 ISO/IEC 25010 的适用于 CL1 质量标准为（详情见 4.2.1 小节）：

■ 功能性

■ 效率（例如，润滑剂、水、胶水的机械资源消耗行为，或时间方面的，比如效应链的作用时间、实时性、容错时间等）

■ 可靠性

■ 信息安全

■ 可维护性

符合 ISO/IEC 25010 的可能适用于 CL2 的质量标准为：

■ 兼容性（例如，出于经济原因继续使用遗留组件或子系统）

■ 可伸缩性

■ 可扩展性

■ 可用性（符合人体工程学和直观易懂的用户界面，另见 4.2.1 小节）

■ 模块化（例如，由于标准化可重复使用的单个组件，降低开发成本，这些组件还通过不同的组合支持产品变型多样性和模块化方法）

■ 可重用性

最后两个标准已经在 GP 2.1.5 中关于不同作者群体的讨论中看到了。

记住 4.2.1 小节中的要求：GP 2.2.1 必须满足 CL1 和 CL2 两个级别要求的质量标准。

如果您不能在您的项目中保证 100% 的检查覆盖率，那么请遵循基于风险的策略（请参阅 4.2.1.4 小节中有关检查覆盖率的详细信息）［Metz 09］。

5.3.5　GP 2.2.4——检查工作产品

请先参阅 4.2.4 小节中的所有帮助。

检测不一定非要正式，非正式的检测（如同行评审）也非常有价值！作为证明，请在文件的修订历史中或配置项检入注释中，记录评审员工姓名。

操作产品线中，因为项目必须尽可能满足客户需求而研发变型，项目的需求作者将获得标准需求规范作者提供的咨询。这也被认为是一个隐含的评审：首先，它不断地对标准需求规范提出质疑，并进一步开发重用；其次，项目专门的需求规范也因此有了一个经过验证的、可以持续重用的基础。

不要忘记检查 CL1 就要求的可追溯性覆盖率以及追溯链上所有内容上的一致性，参看 4.2.1.2 小节附注 4。如果工具技术上可行，建立和评估客户需求和其他内部需求规范的自动跟踪报告，以提高效率。

如果难以达到 100% 的检查覆盖率，给出基于风险的理由（参见 4.2.1 小节）。

5.3.6　GP 2.2.2、GP 2.2.3——工作产品的处理

请先参阅 4.2.2 小节中的所有帮助。

系统架构设计检查员只有只读权限，而系统工程师或者工程师组有编辑权限（见上文 GP 2.1.6 和 GP 2.1.7）。

根据附注 9（5.2.8 小节），在系统流程之上确定给系统性能的发布策略。系统架构应由以下人员非正式发布：

■ 系统测试人员。

■ 机械设计师、硬件和软件开发人员（见上文 GP 2.1.7 中与此有关的简短讨论）。

■ 自己的生产规划人员和质量规划人员

其他利益相关方通过参与评审对内容有了解即可。

考虑给予质保人员对发布有否决权，例如，在未解决发现的缺陷或个别需求状态不正确的情况下（详情参 5.14.5 小节，SUP.1 的 GP 2.1.7）。另一个可能是，质保人员成为发布方中的成员。

考虑（真实或数字）签名的心理影响。

5.4　SWE.1——软件需求分析

首先参看 5.1 节。

5.4.1 GP 2.1.1——流程目标（实施目标）

SYS.2（5.2.1 小节）里所有信息也适用于此。

5.4.2 GP 2.1.6——资源

资源指需求作者和软件工具及其适用许可证。

注意附注 21（5.15.1 小节）：变更需求的处理者是那些现有需求的作者，不会因为变更需求增加新的需求作者。

5.4.3 GP 2.1.5——职责和职权

在许多情况下，一个人负责所有软件需求。可行的另一种情况是，几个作者负责不同的子功能。自动后舱盖的例子中（参看图 5-1 以及相关内容）子功能如下：

■ 拉锁辅助
■ 感应自开
■ 锁门控制
■ 防夹保护
■ 热保护

以上子功能都很复杂，因此一个人很难通晓所需的全部专业知识。为了更好理解功能依赖性、接口和信号处理时间等问题：

■ 需求作者群必须经常交流，并且
■ 需求作者小组需要机械件、软件和硬件的技术咨询和帮助。

在操作产品线时，标准需求规范的作者群也是规划资源之一，不同作者负责标准功能规范中相应子功能的需求定义。他们将给项目特定需求的作者提供咨询。

记住，如果系统工程师不能参与评审，软件需求作者应参与系统架构的评审（参看 5.3.2 小节）。

5.4.4 GP 2.1.7——利益相关方管理

需求的接收者和评审者是：

■ 关注需求可测试性的软件测试员（SWE.6）[Metz 09]。
■ 软件架构师，或者在没有明确定义这一角色的情况下，软件组件开发人员 [Metz 09]。他们需要了解软件需求，以便将其转化为软件架构和软件详细设计的解决方案。
■ 客户代表，如果要提供的产品只是软件而不是电子或机电系统，他们必须检查其要求是否已正确反映在技术内容中［Metz 09］。他们还必须确定需求描述的精准程度，是否影响客户节点日期或签订合同的成本［Metz 09］。他们有权确认和签字［Metz 09］。

■ 产品线标准软件需求的作者。他们为项目提供咨询，关注对使用的标准软件在客户项目中所做的修改，必要时将这些修改增加到标准系统需求中，或者使其成为系统需求的新变型。

允许质保员有权对软件系统需求规范检查时发现的问题进行随机合理性抽查。更多信息参见附录 1 第 2.1.7 节（5.14.5 小节）。

5.4.5 GP 2.1.2、GP 2.1.3、GP 2.1.4——计划、监控和调整

详细规划是指需求作者团队和利益相关方代表之间的互动，从而实现流程目标。

变更需求的处理也应被视为该流程控制的一部分（见 5.15.1 小节附注 21）。

5.4.6 GP 2.2.1——工作产品需求

SYS.2（5.2.6 小节）中的所有信息适用于此。

5.4.7 GP 2.2.4——检查工作产品

请先参阅 4.2.4 小节中的所有帮助。

不要忘记检查可追溯性，CL1 就要求可追溯性覆盖率以及沿着追溯链内容上的一致性，参看 4.2.1.2 小节附注 4。还要注意保证软件需求与系统需求和内部软件需求的可追溯性。

如果工具技术上可行，建立和评估客户需求和其他内部需求规范的自动跟踪报告，以提高效率。

评审不一定非要正式，非正式的评审（如同行评审）也非常有价值！作为证明，请在文件的修订历史中或配置项检入注释中，记录评审员工姓名。

操作产品线中，因为项目必须尽可能满足客户需求而研发变型，项目的需求作者将获得标准需求规范作者提供的咨询。这也被认为是一个隐含的评审：首先，它不断地对标准需求规范提出质疑，并进一步开发重用；其次，项目专门的需求规范也因此有了一个经过验证的、可以持续重用的基础。

对于多组作者，请注意，让他们一起评审需求。因为各作者小组只关心自己的功能，很少关联思考其他组的功能［Metz 09］。

如果难以达到 100% 的测试覆盖率，给出基于风险的理由（参见 4.2.1 小节）。

5.4.8　GP 2.2.2、GP 2.2.3——工作产品的处理

请先参阅 4.2.2 小节中的所有帮助。

如 SYS.2 中所说，每个需求（类似于某些工作产品，对比图 4-11）处于某个状态，如已创建、已接受、已拒绝，因此可以对个别需求进行版本管理。应该使用工具来完成版本管理，工具可以记录需求处理历史中谁改变了需求。

如果工具支持，请指定作者组是否仅对需求有编辑权或更高的权限。如果每个作者都有编辑权限，则必须遵守规程。每个作者和评审员都必须有阅读权限（见上文 GP 2.1.7）。

根据附注 15（5.6.6 小节），在软件流程之上确定软件性能发布策略。

与迭代或增量对应的部分需求规范应由以下人员非正式发布：

- 需求作者。
- 软件合格测试（SWE.6）。
- 软件系统架构员以及软件开发人员。因为软件需求中经常错误地包含了设计规范。此外，他们还必须检查需求的可理解性，因为他们最终必须实现它们。

纯软件项目中，软件需求规范的所有部分应作为一个整体正式被有权签字的客户代表验收。除了合同法方面的原因外，供应商通常还具有更丰富的经验和能力，能更好确定并判断需求细节。

考虑给予质保员对发布以否决权，或者质保员也是发布方的成员。例如，在未解决发现的缺陷或个别需求状态不正确的情况下（详情参 5.14.5 小节 SUP.1 的 GP 2.1.7），质保员有权否定发布。

最后，不要忽略（真实或数字）签名的心理影响。

5.5　SWE.2——软件架构设计

首先参看：

- 5.1 节。
- 软件组件和软件单元的区别参看 5.6 节附注 11。

5.5.1　GP 2.1.1——流程目标（实施目标）

节点日期和持续时间

软件架构设计包括接口规范不需要在某个规定日期前全部完成。按照项目的发布计划和样件计划［Metz 09］，按时完成与软件需求对应的技术解决方案（另

见 5.2.1 小节页下注、示例 12 和附注 8）。

通常需要提前完成的软件要素示例如下：

■ 操作系统和任何类型的中间件、基础软件、AUTOSAR 中的微控制器抽象层。

■ 组件，如 NVRAM 管理器、总线驱动器、霍尔传感器脉冲信号处理（作为电动机磁感系统接口的一部分）。

稍后要添加的组件示例：

■ 软件应用功能，如热保护、防夹保护，自动后舱盖的诊断接口。

支出

如果一个项目是一个接管开发或一个产品线，它的最大支出是对基础需求进行评估和修改。为了做到这一点，必须搞清不同的项目类型和类别有哪些典型的支出，这反过来又有助于建立估算数据库（参见 4.1.1 小节）。

最大支出必须与节点日期和持续时间一致，见上文。

方法和技术

决定项目中所有软件架构师以及软件开发人员使用的建模语言（另见 GP 2.1.5）。

定义所有软件架构师和软件开发人员使用的设计和分析模板以及反模板（patterns and anti-patterns）[Metz 09]。特别是当不止一个软件架构师或开发人员参与项目时（另请参见 GP 2.1.5），通过定义模板可以确保同质的架构设计。如果使用产品线方法，则使用现成模板。

确保与软件构建（SWE.3）中决定保持一致性（5.6.1 小节）。特别是在指定设计和分析模板时，应考虑到与代码层可能的冲突（见 5.6.1 小节"方法和技术"中的简短讨论）。

5.5.2　GP 2.1.5、GP 2.1.6、GP 2.1.7——职责和职权、资源、利益相关方管理

技术资源首先是相应的软件建模工具和其许可证。

特别在产品线中，除了应用软件和基础软件的标准组件外，其他技术资源还包括，组件的

■ 需求规范（因为它们描述了所提供功能的变型）和

■ 技术接口定义（也受变型影响）

如果您只指定了一个软件架构师，那么他就是软件架构的负责人。如果需要的话，还要指定设计模板（见上面的 GP 2.1.1）。

软件架构通常：

■ 分成基础软件和应用软件（组织架构上按此区分也是很常见的）。

■ 不只包含一个层面，而是多个层面（见5.6节附注11）。

所以您将有几个软件架构师。如果您没有软件架构师，那么负责不同组件的详细设计的开发人员通过研讨会共同确定软件架构（参见5.6.2小节）。

软件架构的评审者和输入者为以下人员（组）：

■ 如果您没有软件架构师，则开发相关组件的软件开发人员将评审软件架构。

■ 软件集成测试人员（如果他们独立于软件开发人员），他们需要理解架构并提供可测试性反馈［Metz 09］。

■ 负责产品线标准软件架构和标准软件组件的维护的人员。他们关注标准架构在用户项目的修改，如果有必要的话，将这些修改加入标准架构中或创建新变型。

只是信息输入者，而不是软件架构的评审员的是：

■ 自己的采购，采购软件组件，例如，AUTOSAR，或者 CAN 栈、操作系统或功能库。

请记住，在没有系统工程师的情况下，参与软件架构设计的软件架构师或软件开发人员将参与系统需求的检查（见5.3.2小节）。

允许质保员有权对软件需求规范检查发现的问题进行随机合理性抽查。详细信息另见 SUP. 1 的 GP 2. 1. 7（5. 14. 5 小节）。

另见附注 21（5. 15. 1 小节）：不会因为变更需求增加新的软件架构员。

5. 5. 3　GP 2. 1. 2、GP 2. 1. 3、GP 2. 1. 4——计划、监控和调整

详细计划是指所有人员资源和利益相关者代表之间的相互作用，以实现流程目标。

变更需求的处理也应被视为该流程管理的一部分（见5.15.1小节附注21）。

5. 5. 4　GP 2. 2. 1——工作产品需求

首先参见 4. 2. 1 小节。

由于软件架构设计主要由图形模型表示，在建立结构质量标准时，请注意，您还需要建模指南和语言配置文件来说明所使用的图表类型和建模元素的原因。并使用文本注释来丰富这些模型，这些注释至少包括以下方面的解释和说明：

SWE. 2BP 6 "评估不同的软件架构。……记录所选架构的原因。"

注意：无论是纯粹基于模型的开发（自动生成代码），还是在基于图形化的模型手写代码，建模指南和语言配置文件都是必要的。虽然纯粹基于模型的开发

可以实现从架构设计到详细设计⊖，如 Matlab/Simulink、Rhapsody、Ascet 等生成的设计清晰易懂，但还是需要建模指南和语言配置文件。

符合 ISO/IEC 25010 的适用于 CL1 质量标准为（详情见 4.2.1 小节）：

■ 功能性（此处：参照软件需求的要求，技术实现上的正确性，包括软件架构、资源消耗以及功能的执行时间，例如实时性、容错时间。这些可以表述为 SWE.1. 里的明确需求）。

■ 效率（这里是：资源消耗、功能执行的运行时间方面，例如实时性、容错时间。这些可以表述为一个明确的需求）。

■ 可靠性（功能必须在指定时间段内，甚至发生错误的情况下正确按时完成。错误情况包括逻辑错误，堆栈和使用数据被覆盖，程序/堆栈和其他指针被损害、位错乱，寄存器错误，堆栈或数据区域的上下溢出，数据丢失，任务周期过长，任务不足，通信错误等）。

■ 信息安全性。

■ 可维护性。

符合 ISO/IEC 25010 的可能适用于 CL2 的质量标准为：

■ 兼容性（出于经济原因，能够继续使用遗留组件或子系统）。

■ 可伸缩性。

■ 可扩展性。

■ 模块化（例如，标准化可重复使用的软件组件，降低开发成本，通过不同的组合，提供多种产品变型和模块）。

■ 可重用性。

记住 4.2.1 小节的要求：GP 2.2.1 必须满足 CL1 和 CL2 两个级别要求的质量标准。

如果您不能在您的项目中保证 100% 的测试覆盖率，那么请遵循基于风险的策略（请参阅 4.2.1.4 小节中有关检查覆盖率的详细信息）[Metz 09]。

5.5.5　GP 2.2.4——检查工作产品

请先参阅 4.2.4 小节中的所有帮助。

软件架构评审以质量标准和建模指南以及配置语言为参考。

评审不一定非要正式，非正式的评审（如同行评审）也非常有价值！作为证明，请在文件的修订历史中或配置项检入注释中，记录评审员工姓名。

操作产品线中，因为项目必须尽可能满足客户需求研发变型，项目的需求作

⊖　大多数建模语言根据适用领域和使用目的，有不同的优点和缺点，例如，架构的建模与控制器和过滤器的建模。

者将获得标准需求规范作者提供的咨询。这也被认为是一个隐含的评审：首先，它不断地对标准需求规范提出质疑，并进一步开发重用；其次，项目专门的需求规范也因此有了一个经过验证的、可以持续重用的基础。

不要忘记检查 CL1 就要求的可追溯性覆盖率以及沿着追溯链内容上的一致性，参看 4.2.1.2 小节附注 4。如果工具技术上可行，建立和评估客户需求和其他内部需求规范的自动跟踪报告，以提高效率。

如果难以达到 100% 的测试覆盖率，给出基于风险的论证（参见 4.2.1 小节）。

5.5.6　GP 2.2.2、GP 2.2.3——工作产品的处理

请先参阅 4.2.2 小节中的所有帮助。

软件架构设计评审员有只读权限即可，这有别于工具管理员要具有的读写权限。参与软件架构开发的人员都应有写的权力。

在软件流程之上确定给软件性能的发布策略（见 5.5.6 小节附注 15 中的讨论）。

软件架构应由以下人员非正式发布：
- ■ 软件集成测试人员。
- ■ 软件架构工程师。

考虑给予质保员对发布以否决权，例如，在未解决发现的缺陷或个别需求状态不正确的情况下（详情参 5.14.5 小节中有关 SUP.1 的 GP2.1.7）否决发布。或者，质保员成为发布方的成员。

所有其他利益相关者代表通过参与审计对架构内容有足够的了解。唯一的例外是采购，他不需要知道软件架构，因为他制定购买件的战略规范，例如对软件组件的购买规范。

考虑（真实或数字）签名的心理影响。

5.6　SWE.3——软件详细设计和编码

请先看看 5.1 节。

> **附注 11**
>
> **软件组件和软件单元之间的界限　[Buhler&Metz 16]**
>
> 从设计的角度看，这些概念不属于实现层，而是建模层的逻辑概念。这是因为软件单元和软件组件的层次结构在物理上总是由 *.h 和 *.c 文件组成。
>
> 多少个此类文件称为软件组件，多少个为软件单元，没有一个通用的定义。

确定了软件单元边界后,首先要确定建模的时间,然后确定开发时间。在建模时,考虑每个静态设计元素的动态建模:

■ 如果一个软件元素,例如 UML 序列图中有很多箭头指示它,那说明它有一个大和(/或)给传递函数的复杂公共接口,也就表示该软件元素是软件组件而不是软件单元。继续细分这个软件组件(同时调整动态建模),并再次提出同样问题,直到比如该软件组件某个组成元素表现出由同名设计模型组成类似一面墙的结构 [Gamma et al. 96],其目的是用大型复杂接口封装底层元素,就无须继续细分了。

但是,如果软件元素的公共接口很小,并且从技术的角度来看,它对软件架构师来说再分割没有意义,那么它可能是一个单元(注意:从技术实现来看,接口总是可以被进一步地细分,直到极端情况下,每个接口只有一个函数)。为了提高软件单元的内部清晰度,当然可以在公共接口后面创建子功能。

■ 在行为上,软件单元不必是原始的或简单的元素。例如,如果它们仍然是一个技术上有意义的单元,那么它们可能有状态语义。这一点很重要,因为实现技术始终允许您将状态机分解为单独的 *.c 文件。但这并没有带来任何技术优势,相反,这使得代码评审更加困难。例如,在同一个 *.c 文件中的子功能,通过 switch – case 进行调用会更一目了然。

如果您可以用 yes 回答以下任何一个问题,则存在元素的状态语义:

• 是否接口功能只能按序调用(例如,CD 播放机的停止按钮仅在启动键之后才有效)。

• 同一个函数调用是否会导致不同的行为(例如,CD 播放机的暂停按钮会使音乐静音,但如果再按一下,则会继续运行)?

综合上述原因,因此,一个软件单元既可以是一个单一的 C 函数,也可以是一个完整的 *.c 文件。示例:

■ 实现状态机的 C 函数,它包含的分支语句与 SysML 状态图中的状态一样多。

■ 电动机驱动器的 *.c 文件,它将电动机的控制命令转换成旋转方向的输入输出信号和速度的脉宽调制信号。

通常,在软件开发过程中,才确定软件组件和软件单元之间的界限:软件开发人员在编程时如果注意到,由于技术和复杂性的原因,应该进一步细分由软件架构师确定的软件单元,则返回到架构设计并相应地对其进行修改(见 5.6 节附注 13)。如果开发人员发现技术复杂性无法再通过细分来降低,那么它就是一个单元。

在任何情况下,软件组件仍然是软件单元和组件的技术逻辑和递归组合。

附注 12

中断的总是软件单元［Bühler & Metz 16］

尽管中断处理是作为单个 C 函数实现的，但原则上它们至关重要，因为它们描述了并行性、占用大量时间资源并（尤其在嵌套分支中断的情况下）表现为并行程序流。因此，中断被视为附注 11 中唯一的例外，并始终将它们视为软件单元。这会迫使您自动清晰分析潜在的并行事件、时间资源和程序流，并在动态设计中考虑它们。

附注 13

编码度量目标不是教条

附注 11 还表明，例如，循环复杂度太高并不是一定要划分一个 C 函数的理由。编码度量给出了一些有用的指示，指出哪些方面值得重组，从而达到真正的改进。如果它既没有带来技术上的优势，也没有带来教学上的优势，就无须坚持遵守度量目标。例如，见上文附注 11 关于 switch‐case 的简短讨论（5.6 节）。

5.6.1　GP 2.1.1——流程目标（实施目标）

节点日期和持续时间（产品线的标准软件组件）

标准软件单元和组件（见上文附注 11）与开发项目同时进行维护并从开发项目中获益，因为开发项目更接近市场的客户需求。这也导致了标准软件组件的更改或扩展的完成日期与项目开发的时间有关。

因此，标准软件元素的更改或扩展通过变更需求来进行。这些变更需求由开发项目提供，也由标准元素本身的开发人员提供，例如算法和接口的优化。变更需求包括对单元或组件特定的需求变化，它们的设计或开发，以及它们的静态软件验证和动态单元测试。这些变更需求的预期完成日期对应于开发项目中的交付日期。

很重要的一点是，必须亲自在变更需求中输入具体的日期，而不是只写开发项目的发布标签。否则组件开发人员将不得不不断地在数百个不同的发布计划或时间计划中查找它的实际日期，这不仅低效而且容易出错。除此之外，也不是所有人都有对发布计划的访问权。如果项目中的某个节点日期发生变化，开发项目需更新其对标准软件组件的变更需求。

支出（产品线的标准软件组件）

作为标准软件单元以及标准软件组件通常与开发项目并行维护，最好为所有标准软件元素的工作创建一个单一的公共支出账户。它也可以设为最大支出，例如年成本，但必须给出按时间和变更需求（见上文）典型的或平均的成本是多少。

除此以外，还应关注标准软件元素的其他成本，例如更改设计带来的测试以及质量保证的成本。如果是这种情况，请再次阅读 4.1.1 小节中有关支出记账项颗粒度的部分。

节点日期和持续时间（总体项目开发的级别）

不需要同时完成所有单元的详细设计和代码。哪些单元什么时候必须完成取决于项目的发布规划和样品规划，还必须考虑到软件架构［Metz 09］（另见 5.2.1 小节附注 8）。

整个项目背景下变更需求的处理是流程控制的一部分（另见 5.15.1 小节附注 21）。

支出（总项目开发的级别）

如果一个项目是一个接管开发或一个产品线开发［Metz 09］，如果需要改变软件需求的话，最大成本可能在于详细设计和代码的修改。为了做到这一点，有必要确定针对项目类型和类别的典型成本。这反过来又有助于建立估算数据库（参见 4.1.1 小节）。

注意：在实践中，任务不是在软件单元级上计划的，这个级别上的详细计划没有好处。它们的基础是软件需求（见 5.4.1 小节中的 SWE.1），最多计划到软件架构中的软件组件的级别（见 5.5.1 小节中的 SWE.2）。

最大成本必须与节点日期和持续时间一致，见上文。

同样，变更需求的处理也被视为流程控制的一部分。

方法和技术（两层）

规定所有软件开发人员使用的建模语言。当然，必须与 SWE.2 软件架构设计的决策保持一致性。

考虑与 SWE.2 的一致性，软件研发人员该遵守［Metz 09］：

■ 软件详细设计层中的设计、分析和反模板；以及
■ 代码层的设计模式和反模式。

通过以上措施改善软件单元开发的同质性，甚至重构标准软件组件的意向。

如果您使用的是遗留代码，请考虑是否请求重构，随着时间和项目的推移逐步改善代码［Metz 09］，［intacsPA］。可以确定改进的必要性，例如，静态验证期间测量代码指标，并与目标值进行比较（见 5.7.1 小节）。代码重构还要考虑

设计模板和反模板。

除了在单元和架构设计中给出设计模板，选择有效的实现技术也是很重要的。例如：

■ 运行时间效率。

■ 安全完整性（如符合 ISO 26262 的 ASIL C 和 D）以及相关方法选择的原因。

■ 存储较少。

■ 采购规则，例如使用较小，至少不是较大的微处理器。

这样带来的问题是，可能无法引入附加索引、使用指针、附加代码或附加变量。那么可能意味着你只能采用某些设计模板。

5.6.2　GP 2.1.5、GP 2.1.6、GP 2.1.7——职责和职权、资源、利益相关方管理

技术资源首先是相应的软件建模工具及其许可证。其他技术资源包括：

■ 第三方软件范围，如 AUTOSAR 或 CAN 堆栈及其文档

■ 自研的或商用的功能库

■ 自研的或商用的框架及其文档

■ 开源软件

产品线特有资源是标准软件单元或组件及其

■ 详细的静态和动态设计（及其变型）；和

■ 技术接口定义（及其变型）。

人力资源是软件开发人员。

在使用开源软件时，首先要确定谁来审阅和置办，并就它的集成向其他开发人员提供建议。

确定项目中，如何按项目专门软件单元和组件分配职责。标准单位和组件应该有一个固定的负责人，他是所有项目的联系人，负责提供咨询如何将变型集成到项目中。

另外一种方式是，使用敏捷方法（如极限编程），遵循代码和详细设计（有必要的话，详细设计最终代表文档）集体所有权的做法。但是，这种方式取决于特定标准软件元素的数量和大小。记住：极限编程最初是作为一种小型团队的方法发布的。

评审员和同时也是详细设计和代码的输入方的是以下人员（组）：

■ 其他单元的软件开发人员；如果将人员分为单元开发人员和单元测试员（参见 5.7.2 小节），那么您将从可理解性和可测试性的角度让单元测试人员参与单元设计测试。

■ 负责维护标准组件和单元以及产品线的标准代码范围的人员，由于此类软件通常包含许多变型可能性，也就是说可配置（相关技术参见 2.2 节）。负责标准单元和组件的人员关注变型选择以及它们在用户项目的改编和扩展，可行的话将这些改变吸纳到标准单元和组件中来。

■ 部门自己的采购部门，比如购买软件组件，例如 AUTOSAR 或 CAN 堆栈、操作系统或功能库。

记住：软件单元和组件的开发人员是软件需求和软件架构的评审员（见 5.4.4 小节及 5.5.2 小节）。检查软件架构及其接口定义［即对其进行评审（review）］，见下文 GP 2.2.1 和 GP 2.2.4，如有必要，创建发现的问题列表。确保质保员有权对问题列表进行抽样调查，以确定其合理性。更多信息另见 SUP.1 的 GP 2.1.7（5.14.5 小节）。

并参考附注 21（5.15.1 小节）：变更需求不会增加新的软件开发人员。

5.6.3　GP 2.1.2、GP 2.1.3、GP 2.1.4——计划、监控和调整

详细计划是指为实现 SWE 的流程目标所有技术和人力资源以及利益相关方代表的及时到位和互动。SWE.3 的流程目标要遵守并和 SWE.4 要保持有一致性。

此外，还应特别考虑变更需求的处理（见 5.15.1 小节附注 21）。

5.6.4　GP 2.2.1——工作产品需求

首先参见 4.2.2 小节中的所有帮助。

软件详细设计

软件设计用模型表示：

■ 在基于模型的开发中，这是通过形式化的建模语言来实现的。语言的编译必须由某一工具完成（如 Matlab/Simulink、Rhapsody、Ascet 等），由此自动生成可执行代码，没有手写编码。随后的单元测试以及集成测试基于模型层面进行。

■ 在非基于模型的开发中，附加文本解释的图形模型可以作为抽象的文档，在此基础上手工生成代码和对代码进行手动测试。

在这两种情况下，需为所选的建模语言给出建模指南和语言配置文件，这些指南和语言配置文件给出以下信息，使用哪些图类和建模元素，为什么以及怎样使用它们。建模指南和语言配置文件始终是必要的，并需与软件架构设计中相关信息保持一致性（见 5.5.1 小节）。

源代码

您还需要编程指南进行编码。这不仅适用于手工编码，也适用在基于模型的

开发中自动生成的代码。代码指南在很大程度上依赖于所使用的工具。

两种类型开发的质量标准

除了检查是否符合建模指南和语言规范外，还应根据 ISO/IEC 25010 检查以下 CL1 质量标准（详见 4.2.1 小节）。

■ 功能性（这里是：参照软件架构和软件需求，软件详细设计的技术正确性。源代码必须在技术上符合详细设计和软件需求。如果有技术经验和教训，也应根据它们进行检查）。

■ 可靠性（功能必须在指定时间段内，甚至发生错误的情况下正确按时完成。错误情况包括逻辑错误，堆栈和使用数据被覆盖，程序/堆栈和其他指针被损害、位错乱，寄存器错误，堆栈或数据区域的上下溢出，数据丢失，任务周期过长，任务不足，通信错误等）。

■ 信息安全性。

■ 可维护性。

符合 ISO/IEC 25010 的可能适用于 CL2 的质量标准（详情见 4.2.1 小节）：

■ 兼容性（出于经济原因，能够继续使用遗留组件或产线）。

■ 可伸缩性。

■ 可扩展性。

■ 模块化（例如，标准化可重复使用的软件组件，降低开发成本，通过不同的组合，提供多种产品变型和模块）。

■ 可重用性。

记住 4.2.1 小节的要求：GP 2.2.1 必须满足 CL1 和 CL2 两个级别要求的质量标准。

请您考虑，使用哪些代码指标及其目标值，由此了解代码的复杂程度，并判断是否需要重构（见上文中 GP 2.2.1）。

注意：是否重构，应在 SWE.3 中考虑，是否达到重构目的在 SWE.4 软件单元验证中获知。

附注 14

SWE.3 的 CL1——必须每次都审查所有代码吗？

根据 SWE.4（5.7 节）的附注 16，并非每个源代码都必须进行单元测试。在源代码检查中（独立软件供应商评审），跳过单元测试通常需说明原因，即这取决于指定的质量标准：单元测试不能评估一切，例如可重用性或可伸缩性。这两者可以通过评审来评估，但必须包含在代码评审的检查清单（check list）中。

如果在项目中不能保证 100% 的测试覆盖率，那么请遵循基于风险的策略

（请参阅 4.2.1.4 小节中有关测试覆盖率的详细信息）［Metz 09］。

5.6.5　GP 2.2.4——检查工作产品

请先参阅 4.2.4 小节中的所有帮助。

软件架构评审以质量标准和建模指南以及配置语言为参考。基于模型的建模的优点是，比如模型的一致性已通过建模工具来验证，或者通过模型中的仿真比较容易判断功能的正确性。

注意：如果单元的设计、开发和测试是由同一个开发人员完成的（例如，测试驱动的单元开发），那么单元设计评审是唯一的也是最后一个干预点，可以找到技术上的错误！否则，单元设计中的缺陷将不会被发现，因为开发人员将根据有缺陷的单元设计来构建（和代码静态检查）和开发测试用例（并测试它们）。因此，请把焦点集中到单元设计评审（SWE.3）上！

评审不一定非要正式，非正式的评审（如同行评审）也非常有价值！作为证明，请在文件的修订历史中或配置项检入注释中，记录评审员工姓名。

产品线操作，项目的需求作者将获得标准需求规范作者提供的咨询，主要是因为项目必须选择一种变型。

这也被认为是一个隐含的测试：首先，它不断地对标准需求规范提出质疑，并进一步开发重用（如上见 GP 2.1.7）；其次，项目专门的需求规范也因此有了一个经过验证的、总是重用的基础。

不要忘记检查 CL1 就要求的可追溯性覆盖率以及沿着追溯链内容上的一致性，参看 4.2.1.2 小节附注 4。如果工具技术上可行，建立和评估客户需求和其他内部需求规范的自动跟踪报告，以提高效率。

5.6.6　GP 2.2.2、GP 2.2.3——工作产品的处理

首先参看 4.2.2 小节的所有帮助。

如果已将不同软件组件和单元分配给不同的开发人员负责，那么需要各个单元和组件的作者以及对应的测试人员参与工作产品评审。测试人员只需要读取权限。如果使用极限编程的方法以及集体代码所有权，就不需要指派权限了［Metz 09］。

附注 15

验收软件工作成果、代码评审、静态软件检测和软件测试的顺序

首先 CL1：

按照以质量为导向的逻辑，将按以下顺序生成技术系统。在验证层 n 假定，错误的原因可能在与验证层 $n-1$ 相对应的 V 模型左侧。

---

1. 软件需求
2. 软件架构
3. 软件详细设计
4. 实现和静态验证
5. 源代码审核 } 参见附注 14（5.6.4 小节）和附注 16（5.7 节）
6. 单元测试
7. 软件集成
8. 软件合格测试

注意：不能将以上技术系统错误理解成瀑布模型或其他类似模型。以上顺序不是对所有软件需求总体而言的，而是指对每个功能（即一组需求）都该按照这个顺序。这意味着该组需求可以并行完成，也可以迭代和增量完成。类似地，产品线环境中的项目也可以使用预审合格的标准软件单元以及组件（见 5.6 节附注 11）。预审指的是源代码评审、静态验证和单元测试。沿用预审的程度还取决于项目中使用的软件组件和单元的变量，软件组件的集成测试依赖于项目的具体情况。软件组件内部的集成测试取决于组件的复杂性和专业任务：比如 NVRAM 管理器（数据中指定字节必须在特定时间，在特定位置保存或加载）或者 LIN 总线驱动器的功能测试，是在源代码单元测试完成后，进行黑盒测试。然而，在实践中，例如，处在 B 或 C 样品阶段，才进行单元测试、软件集成测试，或软件合格性测试。这费时又不经济，因为问题越晚被发现，修改成本越高。另外评估员可能会询问顺序不合规的原因，被评审者得有心理准备，做出解释。

CL2：

在实践中，单独无关联发布 SWE.1～SWE.6 的每个工作产品并不是目标。要发布的是软件的整体性能，而不只是规范和文档，要注意的是 SWE.1～SWE.6 的工作产品之间的联系，示例如下：

■ 后舱盖门开合软件需求：已发布
■ 软件架构和软件详细设计：已发布
■ 单元测试用例：已发布
■ 单元测试和静态验证结果：存档　　　　　　　　发布
■ 源代码：已发布　　　　　　　　　　　　　　　软件功能
■ 软件集成、测试用例：已发布　　　　　　　　　开/合
■ 软件集成、测试结果：存档
■ 软件合格测试、测试用例：已发布
■ 软件合格测试、测试结果：存档＋已风险评估

注意：根据图 4-11（4.2.2 小节）中的已发布状态显示工作产品检查（即评审）已经完成。因此，通过 GP 2.2.2 定义所有系统和软件流程，在哪些条件下，

■ 单个系统组件和
■ 软件功能

可以发布。

上文所说的效率低的问题，在通用实践 GP 2.1.1 ~ GP 2.1.4 中和项目层面（CL1 里的 MAN.3）上要区别对待。尤其是，在满足发布条件下，但研发顺序不合规，而比如导致发布日期延迟的情况下。为了区分 CL2 要求的发布和 CL1 要求的信息内容传递，请参看评估人员须知 27（4.2.2 小节）。

在软件流程之上确定给软件性能发布策略（参见 5.6.6 小节附注 15 的讨论）。

根据以下结果验收源代码：

■ 静态软件检测（SWE.4）。
■ 源代码评审（SWE.3）。
■ 基于软件详细设计（SWE.3）的单元测试（SWE.4）。

详细设计应由软件单元测试人员非正式发布。

考虑给予质保员对发布以否决权，例如，在未解决发现的缺陷或个别需求状态不正确的情况下（详情参 5.14.5 小节 SUP.1 的 GP 2.1.7 和其他有关 SUP.8 的提示）。另一个可能是质保员成为发布方的成员。

所有其他利益相关方（见 GP 2.1.7）通过参与检查自动获得对软件详细设计和代码的了解。唯一例外的是采购，采购也无须了解这两者，因为采购制定战略性规则，例如哪些软件组件需要购买。

最后还要记住（真实或数字）签名的心理影响。

5.7　SWE.4——软件单元验证

首先参看：

■ 5.1 节
■ 软件组件和软件单元的区别参看 5.6 节附注 11。

附注 16

SWE.4 的 CL1 是否要求所有源代码都必须进行单元测试？

根据 SWE.4 的 BP 1，确定单元验证战略。要求是"符合……软件详细设计"，因此 BP 1 的注 1 表明，可以采用不同的方法：

"单元验证的可能方法是静态/动态分析、代码验证、单元测试等。"

所以不只是单元测试。例如，在合理的低复杂度的情况下，通过源代码评审检查需求是否得到实现，而无须进行单元测试，如图 6-7 所示。

5.7.1　GP 2.1.1——流程目标（实施目标）

日期、持续时间和成本（产品线的标准软件组件）

SWE.3 的所有信息同样也适用于此（5.6.1 小节）。

方法和技术（两层）

CL1 要求指定方法和技术，详细定义见 BP 1 验证战略以及附注 16（如上），还给出测试覆盖率及其限制。

测试覆盖率自动涵盖

■ 使用经过资格预审的标准软件单元。

■ 或者在接管项目中，不必再进行测试，因为接管的软件单元保持不变。

因此，此类规范并非 CL2 性能中首次提到［Metz 09］（另见 5.6 节附注 11，5.6.6 小节附注 15）。

5.7.2　GP 2.1.5、GP 2.1.6、GP 2.1.7——职责和职权、资源、利益相关方管理

技术资源首先是相关的测试工具，如单元测试软件、软件调试工具和静态分析工具。

为了消除对目标系统依赖性，有必要在目标系统上执行单元测试（这是 CL1 上测试策略的要求），因此需要相应的目标系统和硬件调试工具等更多的技术资源。

例如，如果是产品线中，标准软件组件、带标准测试向量或者标准脚本的标准测试用例也属于技术资源。

可以将编码和测试指派给不同的人员，但是 SWE.4 不这样要求。

■ 如果这样做，您将让软件开发人员参与单元测试代码和测试向量的评审。记住，单元测试人员也将参与单元设计评审（见 5.6.2 小节）。

如果您在评审专业源代码和单元测试代码时选择更正式的评审方法，那么您可以赋予质保员以下权利：对测试发现的问题列表进行随机合理性抽查（详细信息另见 5.14.5 小节 SUP.1 的 GP 2.1.7）。但是，总的来说，我不认为在单元开发的详细层次上进行质量保证合理性测试是必要的。

■ 如果软件开发和测试是同一人员，没有分开，当然也就没有正式的评审

结果清单。

记住，单元或组件的开发人员应参与软件架构和软件需求的评审（参见5.4.4 小节和 5.5.2 小节）。对该流程的工作产品进行检查（例如通过评审），见下文 GP 2.2.1 和 GP 2.2.4，如有必要，将创建发现问题的列表。确保质量保证人员有权对这些调查结果清单进行抽样，以确定其合理性。

另见附注 21（5.15.1 小节）：变更需求不会新增人员。

5.7.3　GP 2.1.2、GP 2.1.3、GP 2.1.4——计划、监控和调整

详细规划是指对所有技术和人力资源以及利益相关者为实现 SWE.4 的流程目标而进行的及时规划和互动安排。这些必须与 SWE.3 保持一致性。

此外，还应考虑变更需求的处理（见 5.15.1 小节附注 21）。

5.7.4　GP 2.2.1——工作产品需求

首先参看 4.2.1 小节的所有帮助。

对于代码测试用例，以及基于模型开发的模型测试用例，根据 ISO/IEC 25010，自 CL2 起可考虑可重用这一质量标准。

测试模拟模块（stubs）（例如中断程序、模拟微处理器寄存器的输入等）的一个标准是可移植性。这里的问题是，这个测试模拟模块的源代码是否可以有效地应用到另一个操作系统、中间件或微控制器？

如果在 CL1 上的 BP 1 中的验证策略不仅是单元测试，而且还有评审（例如，取决于软件单元的控制流的周期复杂性和嵌套深度，如图 6-7 所示），那么评审所依据的标准是什么？标准之一必须是功能性（见 5.6.4 小节），因为要用评审取代单元测试的话，它仍然必须实现 SWE.4 软件单元验证的目的，即确定软件单元是否满足详细设计。

由此产生的后续问题是：在哪个流程中检测代码的 CL2 质量标准？这个与 SWE.3 软件设计和编码有关，因为这是创建源代码的地方，与 SWE.4 无关。但是 SWE.3 的 GP 2.2.4 的评审（Review）和 SWE.4 的 BP 3 中取代单元测试的评审不同吗？答案是它们是相同的：评审单元的源代码以替换单元测试，只需执行一次，同时检测以下各项：

■ SWE.3 中规定建模指南和语言配置。

■ SWE.3 中规定的 CL1 质量标准，其中之一是功能性，这正是 SWE.4 中 BP 1 和 BP 3 的目标；以及

■ 这些软件单元的 CL2 质量标准。

对 CL1 和 CL2 给出的质量标准，如果你不能保证 100% 检查覆盖率，比如不能 100% 检查：

■ 测试用例和模拟模块的代码。

■ 测试向量和测试脚本

请遵循基于风险的策略（见 4.2.1.4 小节，测试覆盖率）［Metz 09］。

评估人员须知 31

基于风险的测试策略也适用于 CL1 吗？

GP 2.2.4 中讨论的基于风险的测试策略（见 4.2.1.4 小节中的检查覆盖率）是否也适用于 CL1 上的测试流程？在评估 SWE.4、SWE.5、SWE.6、SYS.4 和 SYS.5 时，将测试覆盖率设置在 100% 以下，并说明基于技术风险的原因。如果这一情况确实存在，并且是当时评估背景下一种适当的、主动的现实方法（如客户造成的延期，或非临时可纠正的资源短缺），那么仍然可以给予 CL1 一个很高的评价。

5.7.5　GP 2.2.2、GP 2.2.3、GP 2.2.4——工作产品的处理和检查

首先参看 4.2.2 小节和 4.2.4 小节。

注意：如果一个单元的设计、开发和测试是由同一个开发人员完成的（例如测试驱动的单元开发），那么单元设计测试是发现你的技术错误的唯一和最后一个干预点！否则，单元设计中的错误将不会被发现，因为开发人员将根据有缺陷的单元设计来编码（和评审）和开发测试用例（并测试它们）。因此，请将重点放到评审单元设计（SWE.3）！

但是，如果将编码和单元测试分配给不同的人，那么单元测试人员将参与单元设计的评审（参见 GP 2.1.5）。

评审不一定总是正式的，非正式的评审（如同行评审）也是非常有价值的（作为证明，请在配置项检入注释中录入相应评审员工的名字）。这尤其适用于如果您没有将编码和单元测试分开，而是把它们交给相同的人（参见上面的 GP 2.1.5）。例如，配对编程（敏捷方法极限编程的一种实践）整合了测试代码、测试向量和测试脚本的评审［Metz 09］。

每个测试用例，如图 4-11 所示，都有一个状态，例如已生成（Created）、要测试（to be tested）、已测试（Tested）或取消（observate）（B 样件的某一测试用例处于取消状态，例如，C 样件中对应功能发生变化，所以该测试用例就不适用于 C 样件，或者属于另一个产品变型）。

测试代码和源代码都有版本控制。但是，测试结果本身不需要基线或版本：因为每个测试运行都要创建测试结果的新实例，所以它本身就是一个版本。

别忘了还要检查 CL1 要求的可追溯性覆盖率和可追溯性链接上内容的一致性（回顾 4.2.1.2 小节附注 4）。在详细设计和代码级，这些主要通过名称约定

实现，即在详细设计中便于直观识别、一致性地命名代码元素、软件单元名称和动态模型。

如果想直接在源代码和软件需求之间设置可追溯性，而不是通过软件架构简介实现，这在 Automotive SPICE 中是允许的（例如，使用某些通信协议）。在工具技术上可行的情况下，自动生成追溯性报告从而提高效率，评审时对该报告进行评估。

在 SWE. X 流程上建立给软件性能的软件发布策略（见 5.6.6 小节附注 15 的讨论）。借助以下检查的结果验收源代码：

■ 静态软件验证（SWE.4）。

■ 源代码评审（SWE.3）。

■ 单元测试（SWE.4）和相关详细设计（SWE.3）。

以上最后两个工作产品由评审人员非正式发布。

质量保证措施见前文有关 GP2.1.5 的部分（参见 5.7.2 小节）。我不认为质保人员有必要对单元验证进行检查。

5.8　SWE.5——软件集成和软件集成测试

首先参看 5.1 节。

5.8.1　GP 2.1.1——流程目标（实施目标）

节点日期和持续时间

软件集成和软件集成测试基于软件架构（architecture），也基于项目的发布规划和样件规划［Metz 09］。另请参见 SWE.2 的示例（5.5.1 小节），从早期到后期计划开发完成的软件组件以及软件单元（软件组件和软件单元定义上的区别见 5.6 节附注 11）。

项目中的软件集成和软件集成测试也取决于标准软件组件以及标准软件单元的进一步开发的完成日期。因此，标准软件开发的日期应与项目的日期相协调。

变更需求的处理也应被视为该流程控制的一部分（见 5.15.1 小节附注 21）。

支出

有关可能的支出项目，参见有关示例 7 的讨论（4.1.1 小节）。

方法和技术

如下技术指标：

■ 测试覆盖率。

■ 测试方法，如错误注入或探索性测试。

■ 测试用例和测试输入数据的生成技术。

■ 如何处理阴性测试结果。

不属于 CL2，而是 CL1 中测试策略的一部分。

5.8.2　GP 2.1.5、GP 2.1.6、GP 2.1.7——职责和职权、资源、利益相关方管理

技术资源首先是计算机（PC）和相应的测试工具、软件调试器以及以下资源：

■ 通信伙伴的仿真，如车身控制器、其余总线仿真等。

■ 进行该仿真的计算机，以及连接实验板或电子设备的连接硬件。

■ 具有有效信号和消息定义的数据库，如 LIN 总线的 CAN – DB 或 LDF 文件。

■ 测量用硬件，如示波器。

为了确保代码的最终可执行性，通常在目标系统上执行集成测试（这已经是 CL1 上测试策略的要求），因此附加的技术资源还有相关的目标系统和硬件调试器。此外，产品线开发中，标准软件组件、带有标准测试向量的标准测试用例和标准脚本属于技术资源。

单元测试和集成测试可分别由不同的人的完成，但 Automotive SPICE 不要求这样做，实际中也不倾向于分开，因为软件集成需要以下人员一起协商：

■ 软件架构师。

■ 负责软件组件的开发人员。

■ 在项目包含标准组件的某个变型的情况下，负责标准软件组件和单元开发人员。

以上人员需参与软件架构（architecture）的评审。

允许质保人员有权对集成测试、测试向量以及脚本（script）产生的问题清单进行随机合理性抽查。更多信息参见 SUP.1 的 GP2.1.7（5.14.5 小节）。

另见 5.15.1 小节附注 21，不会因变更需求增加新成员。

5.8.3　GP 2.1.2、GP 2.1.3、GP 2.1.4——计划、监控和调整

详细计划是指对所有技术和人力资源以及利益相关者可支配时间和他们之间互动的及时规划，以实现 SWE.5 的流程目标。这些必须与 SWE.2 保持一致性。

此外，还应考虑变更需求的处理（见 5.15.1 小节附注 21）。

5.8.4　GP 2.2.1——工作产品需求

首先参见 4.2.1 小节中的所有帮助。

对于代码测试用例，以及基于模型的仿真和测试激励的开发，可以将其视为自 CL2 以上符合 ISO/IEC 25010 的内容质量标准：

■ 可重用性。

测试模拟模块的一个标准是：

■ 可移植性（是否可以高效地应用于另一个操作系统、中间件或微控制器？）。

4.2.1 小节中提到 GP 2.2.1 必须保证 CL1 和 CL2 质量标准。

如果不能保证以下各项达到 100% 的检查覆盖率（这里指的是评审，例如走查等）：

■ 代码，代表测试用例的模型。

■ 测试向量和测试脚本。

应遵循基于风险的策略（详细内容参见 4.2.1.4 小节中的测试覆盖率）[Metz 09]。

是否能在 CL1 评审中采用这样的战略，参见 5.7.4 小节评估人员须知 31。

5.8.5　GP 2.2.2、GP 2.2.3、GP 2.2.4——工作产品的处理和检查

首先参见 4.2.4 小节的所有帮助。

架构必须根据质量标准和建模指南以及语言规范进行评审。

评审不一定总是正式的，非正式的评审（如同行评审）也是非常有价值的（作为证明，请在测试规范的修订历史记录中输入相应的评审员工的名字）。这不会花费太多时间，并且可以确保您在评估不会遇到问题。

别忘了还要检查 CL1 要求的可追溯性覆盖率和可追溯性链接上内容的一致性（回顾 4.2.1.2 小节附注 4）。

每个测试用例，类似于图 4-11，都有一个状态，例如已生成（Created）、要测试（to be tested）、已测试（Tested）或取消（observate）（B 样件的某一测试用例处于取消状态，例如，C 样件中对应功能发生变化，所以该测试用例就不适用于 C 样件，或者属于另一个产品变型）。测试结果本身不需要基线或显式版本：因为为每个测试运行创建了测试结果的新实例，所以这本身代表一个版本。

在 V 模型左侧的流程中（见 SYS.2 和 SYS.3 以及 SWE.1～SWE.3），我们看到，发布策略应是对整个系统和软件性能的（即超出纯 Automotive SPICE 的限制，见 5.2.8 小节附注 9，5.6.6 小节附注 15）。当然，测试流程也必须在发布策略考虑到。

对于测试流程彼此之间，这也意味着，开始测试除了时间限制之外，还将有进一步的先决条件（见上文 GP 2.1.1）。例如：集成之前，对组件或单元级的测试已经成功完成，这也符合附注 15 中的逻辑和讨论（5.6.6 小节）。

在跨 SYS 和 SWE 流程的发布策略中，不仅要考虑 V 模型左、右分支之间的水平关系，还要考虑 V 模型右侧分支本身各级之间的竖直关系。

5.9　SWE.6——软件合格性测试

首先参看 5.1 节。

5.9.1　GP 2.1.1——流程目标（实施目标）

节点日期、持续时间和支出

合格性测试活动的开始或结束日期在开发项目中规定。这些日期又是项目发布和样件规划的一部分［Metz 09］。因此，如示例 4（4.1.1 小节）所述，大部分支出和资源是可能的规划和控制变量。

有关可能的支出项目，见对示例 7（4.1.1 小节）的讨论。

变更需求的处理也应被视为该流程控制的一部分（见 5.15.1 小节附注 21）。

方法和技术

以下指标：

■ 测试覆盖率

■ 测试方法，如错误注入或探索性测试

■ 测试用例和测试输入数据的生成技术；以及

■ 如何处理阴性测试结果

不是 CL2，因为它们已经是 CL1 测试策略的一部分。

5.9.2　GP 2.1.5、GP 2.1.6、GP 2.1.7——职责和职权、资源、利益相关方管理

Automotive SPICE 不要求对整个软件和系统的测试由一个独立于研发的组织进行。然而，系统级软件测试的独立性（例如，通过组织其他部门或领域）是有用并且广泛应用的［Metz 09］。如果您选择测试组织的独立性，这意味着您已经对 CL3 做出了决定，因为测试部门将充当所有项目的内部服务提供者。

技术资源包括：

■ 待测产品，即编译的软件。

■ 必要的测试基础设施及其在实际目标上的测试方法，例如：

● 目标本身（例如微处理器）。

● 安装在目标系统的实验板或实际的电子设备。

● 配套电源。

● 通信伙伴的仿真，如车身控制器、其余总线仿真等。

● 在其上进行模拟的计算机以及与实验板或电子设备相关的连接硬件。

● 用于将实验板或电子设备连接到外围的线束。

● 具有有效信号和消息定义（如 LIN 总线的 CAN – DB 或 LDF 文件）的数据库。

● 用于观察和测量反应的实际负载或测量硬件（示波器、万用表等）。

■ 通过计算机仿真目标上进行测试所需的测试基础设施和测试设备目标的模拟：

● 目标仿真，例如软件在环。

● 执行目标仿真的环境（通常是开发用计算机）。

● 环境中通信伙伴的仿真，如其余总线模拟。

■ 可以重用的测试用例，例如，对于产品线开发或组合部件开发。

附注 17

测试设备的适用性是 Automotive SPICE 的题目吗，如果是，属于哪个 CL？

测试设备的适用性是 ISO TS 16949 对汽车行业质量管理的要求。这个要求在 Automotive SPICE 中起初并不明确。

在开发过程中确保提供合适的测试设备也可用于 CL1 的测试流程，因为：

■ ISO TS 16949 和 Automotive SPICE 一样是市场标准。

■ Automotive SPICE 细化扩展了基于软件的系统的开发部分（以及 Automotive SPICE 附录 D.1 未来的机电系统中的插件概念），ISO TS 16949 可以被视为 Automotive SPICE 的基础。

■ 认为测试设备适用性只关乎生产，因此与开发无关的观点没有技术说服力。

人力资源是测试者。另见附注 21（5.15.1 小节）：处理变更需求的员工是现有负责需求的员工，不是新员工。

测试规范和脚本的评审人员（人员组）如下：

■ 其他测试者。

■ 也可以是系统工程师、机械工程师、硬件和软件开发人员（对比 5.2.4 小节 SYS.2），以便他们能够确定在需求定义过程中他们的想法和思路是否在测试用例输入得到了正确的实现（关键字：验证标准，参见 SYS.2 的 BP 5 和相关的注释 5，以及 SWE.1 的 BP 5 和相关注释 6）。

■ 标准测试规范和产品线脚本的作者，他们充当顾问，因为他们（必须）关注用户项目中的修改，如果有必要，将修改加入到标准系列中。

记住，测试人员也是软件需求的评审之一（参见 5.4.4 小节）。

为流程提供输入的其他利益相关者：

■ 实地观察。用它来拓展现有测试程序和测试用例，或增加新的测试用例。不要忘记，这些测试用例的改变和增加很可能也需要调整软件需求（SWE.1）。

■ 电子硬件的研发人员，以及电子样品部门，即提供电子样品或电路实验板的部门（通常用于 A 和 B 样件）。

■ 量产电子设备的电子生产部门（通常用于 C 样件和量产件变化）。

给予质保人员根据软件规范测试发现的问题列表进行随机合理性抽查的权利。详细信息另见 SUP.1 的 GP 2.1.7（参见 5.14.5 小节）。

5.9.3　GP 2.1.2、GP 2.1.3、GP 2.1.4——计划、监控和调整

详细计划是指所有技术和人力资源以及利益相关者代表的互动，以实现流程目标（参见 4.3.2.4 小节有关减分原因 17 的特殊示例）。

5.9.4　GP 2.2.1——工作产品需求

首先参看 4.2.1 小节的所有帮助。

作为 CL2 的一个质量标准，可重用性很重要，特别是操作产品线项目或应用模块化方法时。

如果在项目中不能保障 100% 的测试率，那么请遵循基于风险的策略（请参阅 4.2.1.4 小节中有关测试率的详细信息）[Metz 09]。

是否能在 CL1 评审中采用这样的策略，参见 5.7.4 小节评估人员须知 31。

5.9.5　GP 2.2.2、GP 2.2.3、GP 2.2.4——工作产品的处理和检查

首先见 4.2.2 小节和 4.2.4 小节中的所有帮助。

与图 4-11 类似，每个测试用例都有一个状态，例如已生成（Created）、要测试（to be tested）、已测试（Tested）或已取消（observate）（B 样件的某一测试用例处于取消状态，例如，C 样件中对应功能发生变化，所以该测试用例就不适用于 C 样件，或者属于另一个产品变型）。

测试过程和脚本将版本化，测试规范也将版本化。如果对每个测试用例分别版本化，则整个测试规范的版本就是它们的基线。版本控制应该基于工具，工具可以自动记录谁更改了测试规范中哪些测试用例。

但是，测试结果本身不需要基线或明确的版本：因为每个测试运行都创建了测试结果的新实例，这本身即代表一个版本。

测试报告中总结了测试的结果，得出单个测试结果的原始数据，不需要记

录，也不需要进行版本控制。而且通常测试结果数据量非常庞大，比如在测试期间记录完整的总线通信。

每个检查员都必须有阅读权限（另见 GP 2.1.7）。

测试规范、测试用例和脚本的评审并不总是必须是正式的，非正式的评审（如同行评审）也是非常有价值的！作为证明，请在相应的处理历史记录中输入员工姓名和更改的适当注释。这不需要太多时间，而且会保障你的评估结果。

测试用例的检查是在测试用例创建之后和发生更改时进行的，此外，即使在测试结果为负的情况下，重新检查测试用例也是有意义的。原因是考虑到人性特点：在对第 x 个测试用例进行检查之后，测试员的注意力会慢慢下降。

综合测试概述报告（比较，BP 7 中结果的汇总和分发）应在分发前与实际测试结果进行再次对比。

不要忘记检查 CL1 就要求的可追溯性覆盖范围以及可追溯性链接上内容的一致性，也不要忘记附注 4（见 4.2.1.2 小节）。为了提高效率，如果工具在技术上可行，建立软件需求跟踪的自动化报告，并在评审期间对其进行评估。

在 V 模型左侧的流程中（见 SYS. 2 和 SYS. 3 以及 SWE. 1 ~ SWE. 3），我们看到了，对整个系统和软件性能的发布策略（即超出纯 Automotive SPICE 的限制）是必要的（见 5.2.8 小节附注 9，5.6.6 小节附注 15）。当然，测试流程也必须在这个发布策略中考虑到。

对于测试流程彼此之间，这也意味着，开始测试除了时间限制之外，还将有进一步的先决条件（见上文 GP 2.1.1）。例如：集成之前，对组件或单元级的测试已经成功完成，这也符合附注 15 中的逻辑和讨论（5.6.6 小节）。

在跨 SYS 和 SWE 流程的发布策略中，不仅要考虑 V 模型左、右分支之间的水平关系，还要考虑 V 模型右侧分支本身各级之间的竖直关系。

记住发布中（真实或数字）签名的心理效果。

考虑授予质保员对发布的否决权，例如，在发现的缺陷未解决的情况下，或者个别需求状态不正确的情况下（详见 5.14.5 小节有关 SUP.1 的 GP 2.1.7）。另一个可能是质保员成为发布方的成员。

5.10　SYS. 4——系统集成和系统集成测试

首先参看 5.1 节。

5.10.1　GP 2.1.1——流程目标（实施目标）

节点日期、持续时间和支出

系统集成测试活动的开始和最迟结束时间由研发项目给出，它之前 A 样件和 B 样件中样件制造的组件集成时间，C 样件中批量部件的制造时间也给出了计划。这些日期是项目发布规划和样件规划的一部分［Metz 09］。因此，如示例 4（4.1.1 小节）所述，大部分支出和资源是可能的规划和变量控制。

有关可能的支出项目，见对示例 7（4.1.1 小节中）的讨论。

变更需求的处理也应被视为该流程控制的一部分（见 5.15.1 小节附注 21）。

方法和技术

如下技术指标：

■ 测试覆盖率

■ 测试方法，如错误注入或探索性测试

■ 测试用例和测试输入数据的生成技术，以及

■ 如何处理阴性测试结果

不属于 CL2，而是 CL1 中测试策略的一部分。

5.10.2　GP 2.1.5、GP 2.1.6、GP 2.1.7——职责和职权、资源、利益相关方管理

Automotive SPICE 不要求在组织上独立于开发的测试。然而，系统集成和系统集成测试的独立性（例如，通过组织其他部门或领域）是有意义的并被广泛地采用［Metz 09］。如果决定选择测试组织的独立性，这意味着已经对 CL3 做出了决定，因为测试部门将充当所有项目的内部服务提供者。

技术资源包括：

■ 待测产品（如试样）。

● 带基础软件的微控制器。

● 带软件的电子件。

● 带有软件和执行器的电子设备（如电动机、气动、液压等执行机构）。

● 带有软件、执行器和机械元件的电子设备（例如，在车窗升降系统中，拉索、轨、塑料托架等将电动机的旋转运动转换为车门系统中玻璃的升降运动）。

■ 相关的测试基础设施及其测试手段，例如：

● 硬件在环，用于控制被测试者并读取其诊断信号。

● 其余总线仿真。

● 用于 EMC、ESD 和电气的测试。

● 产品全寿命周期的气候变化负荷测试室。

● 车身内外特殊应用条件下的测试室（如喷水、盐、灰尘）。

● 振动。

■ 相关的测试基础设施及其测试手段，例如：

有关技术资源，另见附注 17（5.9.2 小节）试验设备适用性。

电子领域的人力资源是：

■ 多级硬件架构下的硬件开发人员。

■ 电子样品制造员，在组合装配非批量件时进行电子调试测试。

■ 基础软件开发人员和硬件开发人员一起，负责软硬件接口

机电一体化领域的人力资源是：

■ 电子样品制造员，在装配非批量，机械的，或者机电部件期间进行的简单的功能试验。这里也涉及提供该部件的供应商。

■ 客户，例如，确定任务概要的客户。

■ 测试人员，这些人员通常和系统合格性测试员同属一个部门（见 5.11 节中 SYS. 5）。测试人员可能负责不同的主题领域，如金属触点、塑料、装配和连接技术（密封、通孔金属化、电子设备与冷却元件的连接等）的变化，例如气候条件下的耐久性测试。

另见附注 21（见 5.15.1 小节）：变更需求处理者是现有负责需求的员工，没有新员工。

评估人员须知 32

样件制造归入哪里？

如上所示，在批量生产之前，电子硬件、机械件和机电一体化部件的样件制造组装中，通常进行电气调试实验或简单的功能测试。

从评价模型的角度看，电子硬件和纯机械件的领域将分别通过 HWE. 5（硬件集成和硬件集成测试流程）以及 MEE. 5（机械集成和机械集成试验流程）来评估。由于 Automotive SPICE v3.0 目前还没有在专业社区公开发布这样的流程，所以这部分的集成和集成测试我将在 SYS. 4 中进行评估。

注：MEE 流程目前正在由 intacs™ 的一个工作组的第一个提案中制定（见 *www. intacs. info→Community Menue→intacs Working Groups*）。

测试程序和测试用例的评审员是：

■ 在电子领域，硬件和基础软件开发人员。

■ 在机电一体化领域，同一主题领域的测试人员。

■ 系统工程师，机械工程师、硬件和软件开发人员（比较 5.2.4 小节中有关 SYS. 2 的讨论）。他们参与评审，以确定他们在需求定义过程中产生的想法和思考的想法是否作为测试用例输入得到了正确的实现（关键字：验证标准，Automotive SPICE SYS. 2 的 BP 5 和页下注，以及 SWE. 1 的 BP 5 的页下注）。

■ 产品线中标准测试程序、标准测试用例和标准脚本的作者，他们充当顾

问，（必须）关注对用户项目中的修改感兴趣，如果需要，将相关修改吸纳到标准系列中。

记住，测试人员是系统设计的评审员（见 5.3.2 小节）。

为流程提供输入的其他利益相关方：

■ 实地观察，用它来进一步开发测试程序和测试用例，或者添加新的测试程序和用例。别忘了测试用例的更改和拓展，可能需要对系统需求（SYS.2）进行修改和拓展。

■ 生产制造，如果系统测试在量产件的基础上进行。

■ 样件制造，如果系统测试不在批量件的基础上进行。

允许质保员根据软件系统需求规范评审发现的问题列表进行随机合理性抽查。更多参考资料参见 SUP.1 的 GP2.1.7（见 5.14.5 小节）。

5.10.3　GP 2.1.2、GP 2.1.3、GP 2.1.4——计划、监控和调整

详细规划涉及以下各个方面，

■ 待测产品的可用性。

■ 材料的可用性和使用准备情况［Metz 09］。

■ 测试设备和基础设施的可用性和使用准备情况［Metz 09］。

■ 所有技术和人力资源以及利益相关方代表的相互作用［Metz 09］。

通过以上各方面的配合来实现流程目标（另见 4.3.2.4 小节的评估减分原因 17 的具体例子）。

5.10.4　GP 2.2.1——工作产品需求

首先参看 4.2.1 小节的所有帮助。

作为 CL2 的一个质量标准，可重用性很重要，特别是操作产品线或应用模块化方法时。

如果在项目中不能保障 100% 的测试率，那么请遵循基于风险的策略（请参阅 4.2.1.4 小节中有关测试率的详细信息）［Metz 09］。

是否能在 CL1 评审中采用这样的战略，参加 5.7.4 小节评估人员须知 31。

5.10.5　GP 2.2.2、GP 2.2.3、GP 2.2.4——工作产品的处理和检查

首先参看 4.2.2 小节以及 4.2.4 小节的所有帮助。

与图 4-11 类似，每个测试用例都有一个状态，例如例如已生成（Created）、要测试（to be tested）、已测试（Tested）或已取消（observate）（B 样件的某一测试用例处于取消状态，例如，C 样件中对应功能能发生变化，所以该测试用例就不适用于 C 样件，或者属于另一个产品变型）。

测试过程和脚本将版本化，测试规范也将版本化。如果对每个测试用例分别版本化，则整个测试规范的版本实际上是它们的基线。

版本控制应该基于工具，工具可以自动记录谁更改了测试规范中哪些测试用例。在任何情况下，都应为测试规范设置基线。

但是，测试结果本身不需要基线或明确的版本：因为每个测试运行都创建了测试结果的新实例，这本身就代表一个版本。试验结果应提及试验的样品及其零件清单。

测试报告中总结了测试的结果，单个测试结果的原始数据不需要记录，因此也不需要进行版本控制，因为通常它们的数据量非常庞大。必须在评审测试报告或实验报告（也包括负面结果时的风险评估，实践中这属于 CL1）确保正确和完整地描述所有结果。因此将实验报告或者测试报告作为结果文件存档即可。

每个检查员都必须有阅读权限（另见 GP 2.1.7）。

测试规范、测试用例和脚本的评审并不总是必须是正式的，非正式的评审（如同行评审）也是非常有价值的！作为证明，请在相应的处理历史记录中输入员工姓名和更改的适当注释。这不需要花太多时间，也有利于评估结果。

测试用例的检查是在测试用例创建之后和发生更改时进行的，此外，即使在测试结果为负的情况下，重新检查测试用例也是有意义的。因为在对第 x 个测试用例进行检查之后，测试员的注意力会慢慢下降。

综合测试概述报告（比较，BP 9 中结果的汇总和分发）应在发出去前与实际测试结果进行再次对比。

不要忘记检查 CL1 就要求的可追溯性覆盖范围以及可追溯性链接上内容的一致性，也不要忘记附注 4（4.2.1.2 小节）。为了提高效率，如果工具在技术上可行，建立软件需求跟踪的自动化报告，并在评审期间对其进行评估。

在 V 模型左侧的流程中（见 SYS.2 和 SYS.3 以及 SWE.1 ~ SWE.3），我们看到了，对整个系统和软件性能的发布策略（即超出 Automotive 汽车 SPICE 的限制）是必要的（见 5.2.8 小节附注 9，5.6.6 小节附注 15）。当然，测试流程也必须在这个发布策略中考虑到。

对于测试流程彼此之间，这也意味着，开始测试除了时间限制之外，还将有进一步的先决条件（见上文 GP 2.1.1）。例如：集成之前，对组件或单元级的测试已经成功完成，这也符合附注 15 中的逻辑和讨论（5.15.1 小节）。

在跨 SYS 和 SWE 流程的发布策略中，不仅要考虑 V 模型左、右分支之间的水平关系，还要考虑 V 模型右侧分支本身各级之间的竖直关系。

记住发布中（真实或数字）签名的心理效果。

考虑给予质保员对发布的否决权，例如，在发现问题未解决的情况下，或者个别需求状态不正确的情况下（详见 5.14.5 小节有关 SUP.1 的 GP 2.1.7）。另一个可能是质保员成为发布方的成员。

5.11　SYS.5——系统合格性测试

首先参看 5.1 节。

5.11.1　GP 2.1.1——流程目标（实施目标）

节点日期、持续时间和费用

合格性测试活动的开始或结束日期在开发项目中规定。这些日期又是项目发布和样件规划的一部分［Metz 09］。因此，如示例 4（见 4.1.1 小节）所述，大部分支出和资源是可能的规划和控制变量。

有关可能的支出项目，见对示例 7（见 4.1.1 小节）的讨论。

变更需求的处理也应被视为该流程控制的一部分（见 5.15.1 小节附注 21）。

方法和技术

以下指标：

■ 测试覆盖率

■ 测试方法，如错误注入或探索性测试

■ 测试用例和测试输入数据的生成技术；以及

■ 如何处理"不通过"的测试结果

不是 CL2，因为它们已经是 CL1 测试策略的一部分。

5.11.2　GP 2.1.5、GP 2.1.6、GP 2.1.7——职责和职权、资源、利益相关方管理

Automotive SPICE 不要求在组织上独立于开发的测试。然而，系统集成和系统集成测试的独立性（例如，通过组织其他部门或领域）是有意义的并被广泛采用［Metz 09］。如果您选择测试组织的独立性，这意味着您已经对 CL3 做出了决定，因为测试部门将充当所有项目的内部服务提供者。

■ 技术资源包括：

待测产品本身（如测试样件）。

● 带软件的电子件。

● 带有软件和执行器的电子设备（如电动机、气动、液压等执行机构）。

● 带有软件、执行器和机械元件的电子设备（例如，在车窗升降系统中，拉索、轨、塑料托架等将电动机的旋转运动转换为车门系统中玻璃的升降

运动）。

■ 相关的测试基础设施及其测试手段，例如：

- 硬件在环，用于控制被测试者并读取其诊断信号。
- 其余总线仿真。
- 用于 EMC、ESD 和电气的测试。
- 产品全寿命周期的气候变化负荷测试室。
- 车身内外特殊应用条件下的测试室（如喷水、盐、灰尘）。
- 声音实验室。
- 振动实验室。

■ 如果是产品线或模块化环境中，可重用的脚本、测试用例、测试程序的顺序。

有关技术资源，另见附注 17（5.9.2 小节中）试验设备适用性。

人力资源是测试者。他们负责不同的主题领域，如功能、环境测试、耐久性等。另见附注 21（5.15.1 小节中）：处理变更需求的员工是现有制定需求的员工，不是新员工。

测试规范和脚本的评审人员（人员组）如下：

■ 同一领域里的其他测试者。

■ 系统工程师、机械工程师、硬件和软件开发人员（对比 SYS.2），以便他们能够确定在需求定义过程中他们的想法和思路是否在测试用例输入中得到了正确的实现（关键字：验证标准，参见 SYS.2 的 BP 5 和相关的页下注，以及 SWE.1 的 BP 5 和相关页下注）。

■ 标准测试规范和产品线脚本的作者，他们充当顾问，因为他们（必须）关注用户项目中的修改，如果有必要，将修改加入到标准系列中。

记住，测试人员也参与系统需求的评审（参见 5.4.4 小节）。

为流程提供输入的其他利益相关方：

■ 样件制造，如果系统测试不在批量件的基础上进行，这也涉及提供集成组件的供应商。

■ 内部或外部的生产，如果系统测试在批量件的基础上进行（通常用于 C 样件和批量变化）。

■ 现场观察信息。如果可以识别这些信息，便可将它们用于测试程序、测试方法和测试用例开发或添加新的测试用例。不要忘记，系统需求（SYS.2）可能也必须做相应修改。

■ 客户，例如提供任务概要的客户。

从系统领域接收信息的其他利益相关者还包括：

■ 为 OEM 的试验车辆进行测试的驾驶员。他们在车辆批准上路前确认车辆功能，从而确认实现车辆功能的对应的系统。因此，至少出于产品安全原因，应向测试驾驶员提供使用限制和说明，特别是供应商系统的负面测试案例以及由此产生的风险评估和发布结论。

授予质保人员根据软件规范测试发现的问题列表进行随机合理性抽查的权利。详细信息另见 SUP. 1 的 GP 2. 1. 7（5. 14. 5 小节中）。

附注 18

OEM 的测试驾驶员是否属于 CL2 而不是 CL1？

测试驾驶员最终得到的信息（如上）已经在 CL1 的 SYS. 5 中可见（但很容易忽略，因为 Automotive SPICE 的评估市场主要反应在零部件供应商身上）。原因是：

■ SYS. 5 的流程目的规定，必须对系统进行测试，以证明其符合系统要求，并准备好交付。
■ 流程目标 6，即 BP7 规定，测试结果必须以汇总清楚传达给有关各方。
因此，OEM 测试驾驶员不是出于产品安全原因受到影响的唯一一方。

5. 11. 3　GP 2. 1. 2、GP 2. 1. 3、GP 2. 1. 4——计划、监控和调整

详细规划涉及以下各个方面：
■ 所有技术和人力资源以及利益相关者代表的相互作用［Metz 09］。
■ 待测产品的可用性。
■ 材料的可用性和使用准备情况［Metz 09］。
■ 测试设备和基础设施的可用性和使用准备情况［Metz 09］。
各方面的配合，使流程目标得以实现（另见 4. 3. 2. 4 小节评估减分原因 17 的具体例子）。

5. 11. 4　GP 2. 2. 1——工作产品需求

首先参看 4. 2. 1 小节的所有帮助。

作为自 CL2 起的一个质量标准，可重用性对您很重要，特别是当您正在操作产品线或应用模块化方法时。

记住 4. 2. 1 小节中 GP 2. 2. 1 不仅必须保证 CL1 的质量标准，也要保证 CL2 的质量标准。

如果您不能在您的项目中保障 100% 的测试率，那么请遵循基于风险的策略（请参阅 4. 2. 1. 4 小节中有关测试率的详细信息）［Metz 09］。

是否能在 CL1 评审中采用这样的策略，参加 5. 7. 4 小节评估人员须知 31。

5.11.5 GP 2.2.2、GP 2.2.3、GP 2.2.4——工作产品的处理和检查

首先参见 4.2.4 小节的所有帮助。

每个测试用例如图 4-11 都有一个状态，例如已生成（Created）、要测试（to be tested）、已测试（Tested）或已取消（observate）（B 样件的某一测试用例处于取消状态，例如，C 样件中对应功能发生变化，所以该测试用例就不适用于 C 样件，或者属于另一个产品变型）。

测试过程和脚本将版本化，测试规范也将版本化。如果对每个测试用例分别版本化，则整个测试规范的版本实际上是它们的基线。版本控制应该基于工具，工具可以自动在历史中记录谁更改了测试规范中哪些测试用例。

测试结果本身不需要基线或明确的版本：因为每个测试运行都创建了测试结果的新实例，这本身就代表一个版本。测试结果中应提及测试样件及其零件清单。

测试报告中总结了测试的结果，单个测试结果的原始数据不需要记录，因此也不需要进行版本控制，因为通常它们数据量非常庞大。在评审测试报告或实验报告（也包括负面结果时的风险评估，实践中这属于 CL1）必须确保正确和完整地描述所有结果。那么，实验报告或者测试报告作为结果文件存档就可以了。

每个检查员都必须有阅读权限（另见 GP 2.1.7）。

测试规范、测试用例和脚本的检查并不总是必须是正式的，非正式的评审（如同行评审）也是非常有价值的！作为证明，请在相应的处理历史记录中输入员工姓名和更改的适当注释。这不需要太多时间，而且会保障你的评估结果。

测试用例的检查是在测试用例创建之后和发生更改时进行的，此外，即使在测试结果为"不通过"的情况下，重新检查测试用例也是有意义的。这主要是考虑到人性特点：在对第 100 个测试用例进行检查之后，测试员的注意力会慢慢下降。

综合测试概述报告（比较，BP 7 中结果的汇总和分发）应在报告发出去前与实际测试结果进行再次对比。

不要忘记检查 CL1 就要求的可追溯性覆盖范围以及可追溯性链接上内容的一致性，也不要忘记附注 4（4.2.1.2 小节）。为了提高效率，如果工具技术上可行，建立软件需求跟踪的自动化报告，并在评审期间对其进行评估。

在 V 模型左侧的流程中（见 SYS.2 和 SYS.3 以及 SWE.1 ~ SWE.3），我们看到了，对整个系统和软件性能的发布策略（即超出纯 Automotive SPICE 的限制）是必要的（见 5.2.8 小节附注 9，5.6.6 小节附注 15）。当然，测试流程也必须包含在这个发布策略中。

对于测试流程彼此之间，还意味着，开始测试除了时间限制之外，还有进一

步的先决条件（见上文 GP 2.1.1）。例如：合格性测试之前，专业和内容相关的系统集成测试已经成功完成。

在跨 SYS 和 SWE 流程的发布策略中，不仅要考虑 V 模型左、右分支之间的水平关系，还要考虑 V 模型右侧分支本身各级之间的竖直关系。

记住发布中（真实或数字）签名的心理效果。

考虑授予质保员对发布的否决权，例如，在发现问题未解决的情况下，或者个别需求状态不正确的情况下（详见 5.14.5 小节有关 SUP.1 的 GP 2.1.7）。另一个可能是质保员成为发布方的成员。

5.12　MAN.3——项目管理

首先参看 5.1 节。

5.12.1　GP 2.1.1——流程目标（实施目标）

节点日期和持续时间

体现项目管理本身的，并受给定节点限制的活动（其他所有内容都是详细规划，见 GP 2.1.2），它们包括：

- 从立项到项目实际开始的过渡时期。
- 项目启动。
- 向管理委员会或质量门报告的邀请函。
- 与财务监控有关的年度记账截止。

评估人员须知 33

MAN.3 BP 10（汇报项目进度）不要与 CL2 对 MAN.3 的要求混淆

问题：BP 10 中项目状态报告中要求"审查和报告项目进度"。CL2 还要求参加管理委员会或质量关卡的会议吗？这不是重复评估吗？

答案：BP 10 中报告的内容是指项目本身的状态和信息，很明确属于 CL1 的要求。但项目经理需要时间来获得这一信息，而报告本身则在某一时间进行。这些活动是项目经理必须自己组织的，属于 MAN3 的 CL2。

支出

项目管理的必要支出因项目周期会有所不同，不同的项目周期比如：设立项目、技术开发、量产产品支持/维护项目。

然而，项目管理的支出很难掌握，特别是当项目经理在项目中承担其他

（如技术）任务时。如果要确定什么是正常支出，请按项目的类别和类型设置支出上限，这将迫使你对支出进行监控（见 GP 2.1.3）。监控中获得的信息构成了未来估算值数据库的输入（对照 4.1.1 小节中有关 GP 2.1.1 的部分）。当然，设定上限不是说一旦达到支出上限就中止所有项目管理活动。

但在任何情况下，项目经理的支出也必须作为一项出现在整个项目支出预估中。

绩效公式 ［Metz 09］，［intacsPA］

一个可能的面向指标的流程目标是，指定每个时段在开放点清单中含有某个优先级的条目所处特定状态（例如，打开，处理）的最大数量，如此一来就可以对清单中的状态进行监控（请参阅 GP 2.1.3）。开放点清单中的条目可能需要通过 SUP.9 解决问题管理进行跟踪。这意味着 MAN.3 的绩效公式可以与 SUP.9 的绩效公式结合使用。

方法和技术

确定哪些项目管理活动应出现，如果应出现，需超过至少多少工时数才列入计划时间表中 ［Metz 09］。

项目管理的广泛方法和技术请参考相关文献。

5.12.2　GP 2.1.2、GP 2.1.3、GP 2.1.4——计划、监控和调整

各级项目领导（见 GP 2.1.6）和所有其他员工一样记录他们的支出（工作时间）。如果对项目经理的最大支出给出一个上限（见上文 GP 2.1.1），也应对其进行监控。

当：

■ 各级项目负责人不从事项目管理以外的活动

■ 并且，他们的支出作为总的一笔固定支出计入项目中（即没有更细的记账项目），

那么通过财务科目归类可以清楚地知道项目管理涉及的支出了。

然而，如果不是 100% 的项目管理活动（例如，软件项目经理也是软件架构师或开发人员），为了能够监控支出上限，则需要一个通用的项目管理账簿（对比 4.1.1 小节中示例 7）。

每个项目领导级别的会议，无论是计划的还是事件驱动的，都会出现在计划时间表中，也都会出现在电子日历中，管理委员会和质量门会议也在其中。

每个级别的项目负责人通常都是会议频繁，这些会议不仅包括项目合作伙伴，还有利益相关者代表和客户。就其自身的时间管理而言，如非紧急情况

（教育效果），有必要为某些当事人设定严格的会谈时间并严格遵守这些时间
［Metz 09］。

5.12.3　GP 2.1.6——资源

项目经理可能不能一个人计划所有的活动，并在技术和商务中跟踪它们。因此，通常的做法是：

■ 设立主要项目经理，该经理与销售和采购部一起负责所有针对客户的商业和里程碑计划。

■ 设立一名技术项目经理，负责汇集所有分领域（机械、硬件、软件）的技术行业，即主要项目经理下设子项目经理（见下文）。

■ 设立机械和电子领域的子项目经理。电子项目经理下面可能还会有一个协调软件项目负责人。这些人接收来自上层的里程碑、活动和支出上限（最大工时）等信息，将其转化为详细规划，并向上报告进度以及问题和延误的影响。

如果项目管理级别需要行政支持，例如项目办公室，它们也是项目管理的资源之一。

其他资源还有用于计划和支出监控的软件工具，以及标准的计算机（PC）工具。项目经理必须能够有效地使用它们，为此他们可能需要培训。

5.12.4　GP 2.1.5——职责和职权

各级项目负责人的职责和职权似乎不复杂。但要澄清以下几点：

■ 项目经理是否有权调用已授予的项目预算，或者他们还必须申请调用？是否能调用需要得到批准（如财务监控，controlling），多高费用以上需要批准？一个真实的例子，如果由于财务监控中某个部门有庆祝活动的原因，无法联系到任何人进行审核，项目经理因此无法立刻前往外国工厂所在地，而那里的流水线正处于停工状态，那么怎么办？

■ 他们是否能获得直线管理层承诺的人力资源？如果已承诺的人力资源被撤走，项目负责人的"剑"有多锋利，能夺回资源吗？

■ 项目经理是否对（从项目目标的角度来看）项目员工从其直线经理那里受到的干扰或分配的有冲突的任务有真正的否决权？

■ 他们真的有可能升级而不仅仅是纸上谈兵吗？他们能否震慑住直线经理和管理委员会，或者他们需要质量门介入，人们才听从？

■ 他们在项目管理层级中有真正的指挥权、控制影响力吗？还是他们只是信息管理者？

■ 子项目经理是否也可以直接联系邻近的子项目经理，或者有严格的自而下的组织层文化（例如：如果硬件－软件接口定义进展受阻，软件项目负责

人是否能越过电子项目负责人，直接升级到硬件?)?

不减分原因 13

MAN. 3：无权的项目经理从根本上说不是一个问题

如果项目经理对预算和人力资源的决定权少甚至没有，是否减分？回答：不，不能一概而论。如果企业文化或标准流程倾向于或者规定为被动的项目领导，那可以，但条件是：

■ 在项目经理的要求下，资金能及时到位，并且
■ 利益相关方（见 GP 2.1.7）积极行动：撤走的资源要么及时得到补偿，要么里程碑和日期的变更由项目负责人接管并及时确认。

减分原因 28

MAN. 3：不能有效升级的项目经理是一个问题

由于不减分原因 13 导致项目经理升级选项必须绝对并且始终存在，他不能没有此权力。否则，在不减分原因 13（见上文）中描述的条件下，无法对项目成功进行控制。

明确项目办公室有哪些任务，例如：
■ 发送项目会议邀请函，相关会议室预订。
■ 遵守项目会议和技术会议的出席纪律。
■ 接管项目人员的支出账簿（集合账簿）。
■ 跟踪支出情况，及时通知项目经理等。

5.12.5 GP 2.1.7——利益相关方管理

利益相关方如下：
■ 管理委员会或质量门。
■ 直线经理层，因为它在矩阵组织中提供资源并参与人力资源预估。
■ 采购。
■ 客户，当不同级别的项目领导直接与客户的接口时。
■ 技术销售，如果不同级别的项目经理不直接与客户接口时。
■ 供应商。
■ 生产，因为 C 样件阶段通常需要批量件。软件将被视为零件清单中元素之一。

5.12.6　GP 2.2.1、GP 2.2.4——工作产品的需求和检查

在下列情况下，资源估计、预算编制以及计划时间表（包括节点和处理期）为隐含评审内容：

■ 在项目开始时，与利益相关方代表一起起草并在会议记录中达成一致。

■ 在项目过程中，定期召开会议，与项目工作人员和利益相关方代表进行沟通和调整。

隐含评审同样适用于：

■ 工作分解结构（work break down structure，分层组织的活动清单）。

■ 待项目人员解决的问题清单（list of open points）。

■ 由管理委员会和直线经理审核的项目状态报告。如果他们真的使用这些报告，他们将要求完善丢失的信息。

■ 项目会议的议程和记录。

如果不是这样，有关"监控和调整等等"的 BP 在 CL1 上也不会有效。

减分原因 29
MAN.3：GP 2.2.4 和相关 BP 的关系
"监督和调整……"

MAN.3 中 CL1 工作产品的评审在很大程度上可以被认为是隐性的。因此，相应 BP 的功能几乎完全符合 GP 2.2.4。这是由于 MAN.3 的内容本质和实践的实用主义，所以不能认为是 CL1 和 CL2 之间的重叠。

因此，如果在 CL1 上对相应的 BP 的监控没有进行或者没有效果，GP 2.2.4 应减分。

这也带来了许多其他内容性的质量要求：时间表、工作分解结构等。项目手册应该由其他有经验的项目经理评审，他们还应仔细评审项目领导和项目办公室本身的时间和成本估算。因此，如果相应 CL1 的 BP 的监控部分没有完成或无效，则应降低对 GP 2.2.4 的评分。

5.12.7　GP 2.2.2、GP 2.2.3——工作产品的处理

对议程、协议和项目状态报告无须进行版本控制。因为它们一旦完成，就不再修改，它们的日期就是一个确切的时间点。

工作分解结构、资源估计和时间表也不需要版本化，因为它们也受时间限制，而且根据其性质，它们不像软件架构那样，有一个需要保留的状态。尽管如

此，在长期创建估值数据库时，它们的版本还是很有用的。更多详情见 4.1.1 小节，有关信息也可在不减分原因 3（4.3.2.2 小节）和不减分原因 4（4.3.2.4 小节）中找到。

记住（真实的或数字的）签名的心理影响，并获得由直线经理签名承诺的日期和人力资源。

5.13 ACQ.4——供应商监控

首先参看 5.1 节。

5.13.1 GP 2.1.1 ~ GP 2.1.4——流程目标、计划、监控和调整

给出期限和所需成本的供应商监控活动和安排如下：

■ 从何时起，订货商对供应商的监控将正式生效。这可能取决于供应商的定点。

■ 协议的签订，如 NDA（保密协议）和 DIA（互联网专线接入）。

■ 在与供应商进行联席会议之前，订货方应审查完供应商所提供的信息的最迟时间。

■ 在与订货方举行联席会议之前，最迟应将要提供的信息传送给供应商的时间。

如果希望记录供应商管理的成本，如果存在并适用的话，参见项目管理相关内容（见 5.12.1 小节）。

> **评估人员须知 34**
>
> **ACQ.4 的 CL1 和 CL2：有关成本和日期的界定**
>
> ACQ.4 在供应商和订货方之间的接口处执行，即在不同公司中的多方之间。此外，供应商的具体能力可以扩展到多个 Automotive SPICE 流程（例如，系统与纯软件供应商）。因此，CL1 的性能不是由一个"英雄"完成的（参见 3.3.2 小节），而是各公司的几个英雄必须按期协调。由于这些原因，ACQ.4 的 CL1 已经受到时间限制，这可以从附件 B 的 02 - 01 承诺/协议的工作产品特性中看出。在这方面，CL2 绩效的各个方面仍如上文所示。

5.13.2 GP 2.1.5、GP 2.1.6、GP 2.1.7——职责和职权、资源、利益相关方管理

由于供应商的信息和文件涵盖了几个到所有的 Automotive SPICE 流程（如系统与软件供应商），因此检查和审核必须由相关专家进行。

项目经理或相关子项目经理可及时进行协调，另一种方法是从开发团队中指定专门的人员。所有的后勤计划，如旅行，可以由一个项目办公室接管，另见MAN.3项目管理（5.12.3小节）

5.13.3　GP 2.2.1、GP 2.2.4——工作产品的需求和检查

内容质量特征包括语言的正确性、内容的准确性和可理解性。作为CL2的质量标准，DIA和NDA的可重用性很重要。

协议应由供应方进行评估，如有必要，和订货方一起修改，直到达成协议。这是一种隐性的评审。尽管如此，订货方出具的协议还是事先通过了非正式审查的（同行评审）。

任何类型的会议记录，包括现场会议、视频或电话会议，以及供应方向订货方发送或显示的任何信息也应隐性评审过。

减分原因30
GP 2.2.4和ACQ.4的CL1本身很接近

ACQ.4对CL1工作产品的评审在很大程度上可以被认为是隐性的。因此，相应BP的功能意味着几乎完全符合GP 2.2.4。这是由于ACQ.4内容本身和实践的实用主义，而不是CL1和CL2之间的重叠。

因此，如果以下BP没有发生或无效，则降低对GP 2.2.4的评价：
- BP1：协定的通用流程、接口和信息交换。
- BP3：与供应商一起评审技术开发。
- BP4：检查供应商的进度。

5.13.4　GP 2.2.2、GP 2.2.3——工作产品的处理

议程和记录不需要版本化。因为它们一旦完成就不再被修改，它们的生成日期就是一个时间点。但DIA和NDA等协议需要版本化，因为它们可以动态变化。

文件的电子交换需要一个能够管理文件的平台（见附录缩写与释义）。规定访问权限也是必不可少的（见下文附注19）。

附注19
ACQ.4的CL1：哪些文档和信息以哪种方式提供？

作为供应商，为保护您的知识产权、专利和商业机密，某些文件和信息，您不希望以电子方式提供，即便在签署了NDA的情况下也是如此。例如，这

类文件可能包括更深层次的需求、架构、产品设计、分析（如 FMEA）等。您仅想通过视频或网络会议展示一下，但屏幕内容也可以通过截图或录制工具复制。现场检查是处理敏感信息最安全的方法。

注意：所有这些考虑因素均适用于 CL1，因为这正是流程的目的，正如 BP 1"协定的通用流程、接口和交换的信息"所明确指出的那样。

5.14　SUP.1——质量保证

首先参看 5.1 节。

评估人员须知 35

SUP.1：组织上的独立和客观性不是一样的吗?

自 Automotive SPICE v3.0 版本以来一直明确要求客观性和独立性。其背景是，尽管组织独立，客观性还是会受到影响，例如，如果员工之间办公室离得比较近，或者在工作中经常有接触，就算分属不同部门也不会有什么不同［Grabs & Metz 12］。此外，举例来说，外来服务提供人员从来都不是完全独立的，因为他们在经济上只对合同感兴趣［Grabs & Metz 12］。然而，相反地，在某些社会文化背景下，如果没有真正的组织独立性，很难或不可能保证客观性。

因此，对于如何真正确保最终目标，即客观性，需要通过 CL1 要求的质量保证策略来定义。

附注 20

SUP.1 的 CL1：组织架构

在 BP1 中，质量保护策略的一部分属于 CL1，例如，组织架构。原则上可以设想两种情况：

1. 有一个质量部门为每个项目或几个项目提供质量保证员。
2. 这些项目自己设立了质保人员（这里的客观性更难有说服力）。

在这两种情况下，质保人员不必自己评审所有内容，那样他们必须是项目管理、软件和系统级测试等方面的专家。内容检查必须由对内容了解的人员进行。质量保证无论是谁的责任，都应确保质量保证真正得到执行。

5.14.1　GP 2.1.1——流程目标（实施目标）

节点日期和持续时间

工作产品的质量保证和消除缺陷

■ 在非常严重或高优先级的情况下，尽快执行。

■ 在不太严重或优先级较低的情况下（如编辑瑕疵），暂缓处理。

这就是为什么在项目中总是针对相应的工作产品设置时间。

如果流程的质量保证是通过审计和评估和/或经验教训来实现的，需要在项目中进行规划。

支出

在 4.1.1 小节中，我们讨论了根据 Automotive SPICE 流程的入账粒度太繁复，员工无法接受。我们还看到，问题主要在于，要记录哪些工作量，得出哪些结论，以及为什么。结合以下记账项目示例：

■ 需求（SYS.1，SYS.2，SWE.1）。

■ 设计（SYS.3，SWE.2，SWE.3）。

■ 质量保证（SUP.1，GP 2.2.4）。

■ 测试和验证（SYS.4，SYS.5，SWE.4，SWE.5，SWE.6，SUP.2）。

我们说，这里的目的可以是找出质量保证的工作量是否（希望如此）会降低测试和验证成本，或者是否计入确保设计符合与需求的成本，从而反过来降低测试和验证的成本。

我不认为为质量保证设定工作量上限是一个明智的绩效目标。质量问题的数量和严重程度原则上是不可预测的，即使是产品线操作也受到非常多的因素的影响（不然就不需要质量保证策略了），所以质量保证不能仅仅因为达到了设定工作量就停止。

绩效公式［Metz 09］，［intacsPA］

基于度量的绩效目标的一个例子是消除缺陷和错误的最长时间［Metz 09］，（如可能）取决于：

■ 工作产品的种类以及

■ 项目阶段（例如 A、B 样品阶段对比 C 样品阶段）。

方法和技术

测试方法、测试频率、测试覆盖率和测试方的规范原则上不是 SUP.1 的 CL2 的流程目标。所有这一切都已经是在 CL1 上 BP 1 中质量策略的一部分，这也可以从 Automotive SPICE 模型的工作产品特性 08 – 13 质量保证计划中看出。虽然很明显，BP 1 在内容上与所有其他过程的 GP 2.2.1 相关（见 4.3.1.9 小节），但将所有相关的规范集中记录下来的文档仍然是质量保证计划或质量保证策略。这同样适用于质量标准和参考模型规范（如 ISO/IEC 25010）。

5.14.2　GP 2.1.2、GP 2.1.3、GP 2.1.4——计划、监控和调整

关于时间方面，请参见上文 GP2.1.1 中的节点日期和持续时间。还需要与利益相关者一起及时确定的是何时生成和公布质量报告。这可以定期进行，但也取决于例如项目所在的样件阶段。

在 5.14 节附注 20 的场景 1 中，部门经理与项目经理一起协议商定工作量估算，在场景 2 中，由项目管理层全权负责。

5.14.3　GP 2.1.6——资源

人力资源包括：负责评审、协调、跟踪并解决缺陷的人员，如附注 20 所述。

5.14.4　GP 2.1.5——职责和职权

对于提供质量保证的人员，有必要规定他的发布放行、否决和升级权利，以及这些权利对应的是哪些工作产品和基线。所有这些也会影响 SUP.8（更多细节见下文 GP 2.1.7 和 5.16 节）。注：CL1 或 CL2 并没有规定必须授予质保否决权以证明客观性，但这是一种良好的做法。

另外一项保障措施是，委托质保人员根据工作产品的评审结果，根据工作产品的评审结果的问题清单，以及评估和审核报告，进行抽查，审核其合理性（只审核直观合理性，因为质量保证提供者不是每个技术子域的内容专家）。

但是，请记住，我们已经看到，在某些过程中，工作结果的评审是隐含的，例如在 MAN.3 项目管理和 SUP.1 自身中，因此没有评审结果的问题列表。

还必须确定谁接收质量保证信息，谁汇总信息，谁将信息又传递给哪一方。

质保人员应有权力和责任，对所有其他流程的工作产品的问题清单进行抽样调查，审核内容的合理性（见各流程的 GP 2.2.4）。

5.14.5　GP 2.1.7——利益相关方管理

利益相关方包括生产制造［Metz 09］、项目管理层和直线管理层（如应用软件和基础软件开发经理），在与质量保证相关的缺陷未消除时，可以阻止软件和产品发布。

请考虑，配置项的某些状态是否不应由工作产品的负责人设置，而是由质保人员设置。通常可以规定"已验收"状态（对比图 4-11）作为建立基线的先决条件来实现。（希望）这在重用合格的软件组件时尤其重要。这些规定有助于 SUP.8 的质量保证（见 5.16.8 小节），并且也将成为 SUP.1 质量保证客观性的另一个论据，在这种情况下，通过独立性来实现。

即使不授予质保人员设置配置项状态的权利，也可以考虑授予他们否决权，

反对发布工作产品或撤回基线。例如，在

- 工作产品或配置项的缺陷未消除前。
- 基线审核和基线复制试验发现的缺陷未解决前。
- 错误的状态，例如，需求状态不正确等。

不要忘记现场的产品监控，主要是和工厂的质量管理和开发一起，对退货进行技术分析。这不仅为产品成熟度提供了初步的重要结论，而且间接地对流程的方法成熟度给予反馈。

5. 14. 6　GP 2. 2. 1、GP 2. 2. 4——工作产品的需求和检查

质量保证的工作产品本身是：

- 质量保证计划，质量保证策略。
- 产品评审结果问题列表。
- 流程审核和评估的结果。
- 质量保证报告。

质量保证计划以及质量保证策略的评审，不是必须由其他项目人员或外部服务提供商来完成。质量保证是一个支持流程（SUP），因此它影响到其他流程。因为关注点和目标不太可能多种多样，这意味着质量保证计划中的所有规范（见上文 GP 2. 1. 1 "方法和技术" 一段），必须始终与项目人员和利益相关者代表（可包括质量管理，属于质量管理策略）一起制定。这很有必要，因为质保员既不可能是通晓所有学科的经验丰富的专家，也不可能通过心理上宗教式的权威确保绝对的成功。

与相关人员一起制定，即是对质量保证计划以及质量保证策略的隐性评审。

评审结果问题列表中的条目在技术上是讨论过的，并由作者确认，不然就无法消除这些缺陷。这些缺陷可通过例如非正式评审、正式评审（审查或走查）发现。这些是工作产品质量保证的隐式评审。这种情况下，通常不需要明确的附加验收标准。

这同样适用于流程评估和审核发现的问题，它们的结果将正式通报并进行讨论。然而，评判是否内容上以及形式上正确，被评判者不好确定。这在很大程度上可以通过以下途径解决：

- 由通过培训并且通过认证的审核师和评估师（对于 SPICE 评估模型，全球公认的组织是 intacs，其网站为 www. intacs. info）评估。
- 为了避免质量风险，审核和评估应至少由两人小组进行，相互评审并联合汇编结果报告。

阅读质量保证信息报告也属于隐式评审。在这方面，GP 2. 2. 4 很大程度上依赖于 BP 4 "质量保证结果和活动汇总并分发" 和 BP 5 "确保偏差纠正" 的

成功。

如果为工作产品检查提供了检查表（见 4.2.1.3 小节），这些列表应与系统和软件过程的代表们一起定义，这也是一种隐性评审。在此基础上检查表还有必要得到进一步更广泛的评审，或者由经验丰富的员工或小圈子的专家进一步评审。

5.14.7　GP 2.2.2、GP 2.2.3——工作产品的处理

问题列表适用于某些版本的工作产品或流程（在流程评审的情况下），因此要为每个新版本的工作产品和流程创建新的问题列表。评审证明完成后，不再修改。因此，通常不需要对它们进行版本化。这同样适用于质量报告，这些报告也是专门为每个相关日期和特定接收者制作的。

然而，评审证据及其所适用的工作产品应作为后续证明目的（审核、产品责任案例）基线的一部分。这意味着评审证据也是配置项，而汇总后的质量报告则不必要。

根据机密性，如专利解决方案，或惩罚错误的文化，为了避免流程评审结果的冲突，必须设置质量保证信息的访问权限。

5.15　SUP.8、SUP.9、SUP.10 的共同释义

首先参看 5.1 节。

5.15.1　GP 2.1.1——流程目标（实施目标）

支出［Metz 09］，［intacsPA］

以最大或最小支出来作为一个 SUP 流程的流程目标比较罕见，也没有什么意义。原因是，记录问题，处理产品对应的变更需求，不可能由于资金不足而停止。最重要的是，与随后构成问题解决方案的工程活动相比，这些支出无法有意义地量化［Metz 09］。

支持对 SUP.9 的支出进行估算的一个普遍理由是，预测错误的数量，以此为基础估计成本。但也有反对的，反对的理由如下：

■ 众所周知很难对错误进行预测，特别是对于具有不同供应商情况下的分布式项目。

■ 假设错误必须被视为 SUP.9 策略意义内的问题，但

a）首先如何定义问题完全是自由的。

b）如果程序员与单元测试人员是同一个人（这是常见的），则在软件单元测试（SWE.4）中就没有记录问题的必要。开发人员可以在同一个实现周期中

立即修复错误，而不是正式记录单元测试错误，将它们分配给自己，纠正它们，然后关闭该问题条目。

■ 错误既不是成本估算考虑的通常因素，也不是唯一因素。成本估算中应考虑系统需求和系统架构。

■ 此外，必须考虑变更需求，而不仅仅是问题。因为汽车行业正处于一个非常多创新的时期，通常无法预测哪些客户有多少变更需求。

尽管如此，有些人还是希望能有一个成本目标，从长远来看，对成本估算有感觉。当然，一定会有支出，例如通过参加问题调查会议、变更控制委员会（CCB）会议或工具管理员的工作。在这种情况下，我建议对相关员工保留一定比例的工作时间。因为找出某个问题，或者做其影响分析时在问题记录中输入添加信息都是工作量，这些工作不可分地交织在正常的工程工作中。对员工而言，如此细化地并及时对工时进行记账是一项烦琐超负担的日常工作，太教条了［Metz 09］。

估计支出也难以为员工所接受，夸张地说，Automotive SPICE 模型中有多个流程就有多个费用核算项目，所以，应将 SUP. 8、SUP. 9 和 SUP. 10 统一总结到一个支持流程的核算项目中。这里需要提示的是流程目标不必局限于流程本身，而是可以与其他流程的目标相关联。流程目标旨在为实践服务，而不必过度在意评估模型给出的流程界限。

节点日期和持续时间

附注 21

在时间规划中考虑变更需求的发生和问题的输入［VDA_ BG］

在规划其他流程和整个项目时，人们常常忘记要注意问题和变更需求的输入随时性和高频率。特别是，延迟定点给已做了前期研发的供应商至 B 样品后期、C 样品，乃至量产运作的情况下，预计变更需求和问题输入将增加。在设定最后期限和生产周期时，尤其是在 SYS 和 SWE 流程中，不应忘记这一点。

请从可比项目和以前的项目吸取经验［VDA_BG］。

绩效公式

对于绩效公式，应确定由谁（见 GP 2. 1. 4 和 GP 2. 1. 5）来计算并与目标值进行比较［Metz 09］。由于 SUP. 9 和 SUP. 10 在很大程度上是工具支持的，公式的计算通常相当于调用工具中以前编好的查询项或视图。可根据需要随时调用查看。因此，应定义最迟什么时候应该调用查看，否则就无法定期监控绩效公式（见 GP 2. 1. 3）［Metz 09］。

5.15.2　GP 2.1.2、GP 2.1.3——计划和监控

任何支出数量（见 GP 2.1.1）也应在工具支持下提取，进行评估并报告给项目经理和/或直线经理［Metz 09］和其他利益相关者代表。为了方便跟踪，状态报告应通过使用的工具自动生成并转发给相关人员。

5.15.3　GP 2.1.4——调整

不符合计划意图的原因通常是缺乏开发资源，比如缺少开发人员。另外一个原因是问题输入和变更需求的意外高发生率，诸如检测到的产品错误、来自客户或内部的新的或变更请求（如必要的架构或设计变更）。不影响需求的纯设计行为的一个例子是算法优化或代码效率。

可能调整行为如下：

■ 如果项目本身无法解决偏差，例如在资源短缺的情况下，升级到管理层［Metz 09］，［intacsPA］。

■ 重新定义计划基线和版本发布的性能范围（另请参阅 SYS 和 SWE）［Metz 09］，［intacsPA］。

■ 在缺乏参与而无法有效实现的情况下，调整变更控制委员会（CCB）和问题会议参与者的组成，比如因为单个人员超负荷，委员会无法有效运行的情况下。

■ 在相关人员在项目开始时未能及时获得资格的情况下，外聘项目培训师或教练［Metz 09］，［intacsPA］。

5.15.4　GP 2.1.5——职责和职权

根据问题和变更需求的状态和优先级，如有必要，使用工具的用户将获得相应的权限［Metz 09］。

有必要澄清向谁和以何种方式提供偏离预期计划的信息，这还包括升级权限（另见 GP 2.1.6）。

评估人员须知 36

哪些 CL 要求 SUP 流程的职责和职权？

BP1 中的策略：

■ SUP.9 和 SUP.10 中已经要求定义活动的责任，……以及遵守已定义的相关方接口。

■ 除了工具和存储库之外，SUP.8 中还要求职责和资源。

这将在 GP 2.1.5 和 GP 2.1.7 中进行评估，导致 CL1 与 CL2 重叠，这是不允许的。

但是，与之前的版本相比，Automotive SPICE v3.0 没有改变这一点，因为：

a）这些 SUP 流程有一个跨流程的目的，因此在 CL1 上已经需要一个更高的形式来协调这一点。

b）SUP.8、SUP.9 和 SUP.10 的 CL2 有更高要求的其他附加值（见相应流程的特定章节）。

应确定变更控制委员会的成员和问题调查会议日期及其具体任务［Metz 09］。这取决于问题条目或变更需求的内容，所以不一定能够详细预测要另外邀请哪些人［Metz 09］。因此，建议在矩阵组织、项目组织和纯直线组织之间达成共识，明确同意应遵循内容驱动的邀请（另见 GP 2.1.6）。

5.15.5　GP 2.1.6——资源

应在流程特定条款中指定将被派往变更控制委员会、问题会议或问题经理的具体人员。还应确定监控绩效公式的人员［Metz 09］，［intacsPA］。

参与该流程的每个人的资格认证中必须包括使用工具的能力。这也适用于产品和领域的必要技术知识，以及对变更需求和问题输入进行内容评估以及参与分析所需的足够专业经验［Metz 09］。

评估人员须知 37

SUP 流程的能力不是已经是 CL1 的要求吗？

当 BP 1 已经要求根据策略操作执行，为什么 CL1 还不需要资格认证？（另见 5.15.4 小节评估人员须知 36）。

CL1 可以以任何一种方式达到。这也可能是通过成功的内容评估和对变更需求和问题输入的评估而偶然发生的。这种 CL1 的成功不一定是可重复的。而成功的可重复性（即由合格的、均匀的、合理负荷的、由结构化协议控制的团队）构成了 CL2，并将其与 CL1 区分开。

5.15.6　GP 2.1.7——利益相关方管理

产品线经理应参与变更需求和问题的调查，以便：

■ 可提出书面反对。

■ 或可将相应的解决措施纳入标准中。

评估人员须知 38

SUP.9 和 SUP.10 中 GP 2.1.7 对比 GP 2.1.5

对于 SUP.9 和 SUP.10 来说，哪些信息应该在 GP 2.1.5 中进行评估，哪些应该在 GP 2.1.7 中进行评估，这在技术上似乎是困难的。这是因为 SUP.9

和 SUP. 10 都是各方直接参与，因此，评估人员须知 7（4.1.13 小节）只能在条件允许的情况下对此有所帮助。

幸运的是，对于评估来说，这不是一个太大的问题，因为 ISO/IEC 15504 和 ISO/IEC 33020 要求对流程属性进行全面评估。GP 的 NPLF 评估在实践中是一个常见且有用的步骤，但不是 ISO/IEC 15504 或 ISO/IEC 33020 所要求的。

电子产品生产、项目管理层和直线管理（如应用软件和基础软件开发经理）是利益相关者，因为未解决的问题、未完成的变更需求和不完整的基线会妨碍生产或产品发布。

5.15.7　GP 2.2.1、GP 2.2.4——工作产品的需求和检查

问题管理和变更需求工具输入掩码的属性和字段可以看作是变更需求、问题条目、影响分析、报告等需求的定义［Metz 09］。质量特性中包括，在需求过程中，语言正确、准确且易于理解的条目［Metz 09］，［intacsPA］。

目标和跟踪报告（GP 2.1.1、GP 2.1.2、GP 2.1.3）将根据需求借助由模板或基于工具的视图的帮助来定义［Metz 09］。

事实上：

■ 变更控制委员会、变更需求和问题会议机构查看问题条目

■ 所有利益相关者都将一起处理输入的变更需求以及问题

以上可以看作对信息完整性和商品措辞的隐含评审［Metz 09］。如果变更需求和问题中缺乏信息，就无法成功地对其进行处理，这属于 CL1 的问题之一。这个观点同样适用于其他工作产品，如影响分析和报告等。

减分原因 31
SUP. 9、SUP. 10：它们的 BP 以及它们的 GP 2.2.4 的关联

如上所述，SUP. 9 工作产品（适用于 GP 2.2.4）的评审在很大程度上可以被认为是隐性的，因为一方面变更需求和问题输入总是由多方处理，另一方面处理也是 CL1 性能。这意味着 BP 的功能同时几乎完全实现了 GP 2.2.4（这是由于 SUP 过程的性质，它跨流程作用，因此在 CL1 上已经相应需要更高的形式来协调这一点）。

因此，请确保以下 BP 的评估与 GP 2.2.4 的评估一致：

■ BP 4：找出原因并确定问题的影响。

■ BP 5：批准应急措施。

■ BP 7：开始解决问题。

■ BP 8：跟踪问题直至问题解决。

因为这些 BP 通常由问题会议机构来执行，而不仅仅是问题发现者。

减分原因 32
SUP. 10：它的 BP 以及它的 GP 2. 2. 4 的关联

SUP. 10 中对 CL1 产品的评审在很大程度上可以被认为是隐性的。因此，相应 BP 的功能意味着几乎完全符合 GP 2. 2. 4。因此，确保以下 BP 的评估与 GP 2. 2. 4 的评估一致：
■ SUP. 9 的 BP 2 和 BP 4 ~ BP 8。
■ SUP. 10 的 BP 2 和 BP 4 ~ BP 7。

通过质量保证人员对变更需求和问题输入的语言清晰度和合理性进行额外的随机评审是有意义的，因为：
■ 在信息缺乏和信息不明确的情况下，人们通常会加入一些自己的解释［Metz 09］，并且
■ 如果信息不清楚，变更控制委员会和问题会议机构不得不将变更需求或问题条目交还给创建者，从而损失决策时间。
哪些变更需求或者问题要进行合理性审核，取决于严重程度和优先级。

5. 15. 8　GP 2. 2. 2、GP 2. 2. 3——工作产品的处理

有可能的话，根据类型、主题或关键程度，设定某些人或群体访问问题条目、变更需求或配置项的权限。确保不是每个开发人员和外部员工都能看到敏感信息，例如，专利相关内容或其他敏感知识产权。

5. 16　SUP. 8——配置管理

首先参看 5. 1 节。

5. 16. 1　GP 2. 1. 1——流程目标（实施目标）

支出

参看 5. 15 节。

绩效公式［Metz 09］，［intacsPA］

在 4. 1. 1 小节中，我们看到了基线在内容方面的进度示例如下：

■ 最多 20% 的配置项应在下一个基线前三个月处于被处理状态（inWork）或被评审状态（inReview）。

评估人员须知 39

SUP. 8：GP 2.1.1 和 BP 7 报告配置项状态的区别

面向度量的流程目标根据上述示例以设置配置项的某个状态为前提。配置项及其状态已在 CL1 上通过 BP7 来跟踪，它说明：保持配置项的状态并汇报，……，以支持其他流程（参看该 BP 的注释 5）。这就提出了一个问题，这样的绩效公式是否属于 CL2，或者在 CL1 上已经隐含了。

答案是：首先，BP 8 只提供状态的纯信息。它本身不仅没有说明配置项之间的联系，也没有说明各基线之间的关系。其次，记录及汇报单个配置项的状态是流程结果之一，而 CL2 是多个流程结果的状态的汇总。第三，CL1 不谈计划，不管它是节点日期上的，还是成本技术层面上的。

上面的绩效公式包含的更多：它对所有配置项提出规划、沿着时间目标、所期待的状态和基线。

另见 4.2.2 小节附注 5。

节点日期和持续时间 ［Metz 09］，［intacsPA］

面向时间的可能的流程目标是：

■ 在项目开始的时候，完成配置管理策略。

■ 制定基线。这通常与客户交付的发布时间相同，在时间上先于质量门。提示：基线的制定应该在时间进度表中，而不是在项目手册或配置管理计划中，避免节点日期信息分布在太多的地方，很难保持一致性。

■ 检查未在配置工具中配置的工作产品是否实际位于它们应该位于的位置。

■ 对配置项的检入备注，以及未在配置工具中配置的工作产品的修订历史记录，进行周期性抽样审查。确定，相关评论是否属于该工作产品，以及它们是否清晰易读。

■ 周期性抽查基线审核/配置审核，检查它们是否：

● 包含符合内容的所有工作产品。

● 版本匹配是否正确。因为选择与基线匹配的工作产品时，可能会出现人为错误。

■ 定期审核基线技术上的再现性。因为，从 BP9"管理配置项和基线的存储"的注释 7 可以看出，必须能够恢复基线，例如在放弃开发分支或产品责任案例证明时。请记住，特别是后者，在几十年后可能还必须提供证明。使用的工具以及底层操作系统和计算机硬件是否仍然可用？

请记住，属于发布的基线要符合发布管理，这在附注8（5.2.1小节）中作了简要说明。

5.16.2　GP 2.1.2、GP 2.1.3——计划和监控

首先参看5.15.2小节。

GP 2.1.2规定哪些人在GP 2.1.1确定的时间点需执行的相关活动。

5.16.3　GP 2.1.4——调整

参看5.15.3小节。

5.16.4　GP 2.1.5——职责和职权

首先参看5.15.4小节，特别是评估人员须知36。

有必要澄清谁获得哪些配置项的访问权限。这可能取决于人员组、人员的任务甚至配置项［Metz 09］。

建议：考虑在项目中指定唯一的基线创建者。并考虑（虽然不是Automotive SPICE所要求的）是否要建立一个跨项目的基线创建者与SUP.1的目标要求类似，这可能更容易实现。因为如果存在质量问题或配置项的状态不正确，则能更客观地拒绝创建基线，例如，由质保人员担任基线创建者。

提示：由于任务和权限是在整个项目中定义的，因此一个跨项目的独立基线创建者最终实现了一个用于SUP.8的CL3标准流程的一部分。

指定谁可以创建基线，例如软件项目负责人或项目自己的配置管理经理或者跨项目的配置管理经理［Metz 09］。对于复杂软件或主要由可配置标准软件组件组成的软件，此类负责人应与负责该标准软件组件的人员一起选择正确的变型。

还应考虑质保人员是否应在是否可以创建基线方面有发言权（见下文GP 2.1.7）。

如果无法创建基线（例如，并非所有配置项都处于预期状态或质量问题处于打开状态），要确定如何升级。如果有供应商，请考虑反馈途径（ACQ.4供应商评审）：比如供应商没有按照协议进行发布，在供应商一方如何升级？

关于配置项和基线验收中质量保证的集成，见下文GP 2.1.7。

请定义谁推动解决基线审核发现的问题和基线复制测试结果的处理（见上文）。这可以由适当级别的项目负责人完成（参见5.12.3小节）或质保人员。在适当的情况下，审核发现的问题应该通过SUP.9问题管理来解决。

5.16.5　GP 2.1.6——资源

参看5.15.5小节。

5.16.6 GP 2.1.7——利益相关方管理

参看 5.15.6 小节。

SUP.8 涉及：

■ 对于电子产品开发，所有软硬件的工作和工作产品。

■ 对于机电一体化开发，所有硬件、软件、机械的工作和工作产品（记住：Automotive SPICE v3.0 的插件概念允许将来链接这些子域的流程）。

因此，利益相关方及利益相关方代表为以下人员（或团体）：

■ 采购、置办设备、制造、物流/包装，因为硬件和机械的物理组件在分层零件列表中，分层零件列清单可以被视为基线。

■ 负责可重用、可配置的标准软件组件和相应的产品线经理。

■ 项目管理层，不仅因为配置项的 BP 7 状态，也是利益相关者（见 5.12.3 小节）。

同时紧密绑定 IT，因为即使项目已经建立并使用了自己的本地配置管理系统，但仅通过项目本身解决长期存档和安全备份的问题是不可能的。而 IT 支持下，具体的实际问题往往是，虽然中央 IT 提供了技术存档，但并不一定满足 SUP.8 流程以及该项目的要求：

■ 例如，如果 IT 也不另外存档所使用的计算机硬件、所使用的操作系统和软件工具，则存档数据在将来可能没法显示。在产品责任案件中，这一点非常关键。

■ 即使单个项目试图自己做到这一点，这样的平行世界和影子 IT（shadow IT）政策上行不通，因为这通常违反公司中央 IT 制定的规范。

此外考虑：

■ 让质保人员根据 GP 2.2.4 中列出的评审方法对问题清单进行合理性抽查评估。

■ 配置项的某些状态，不能由产品经理自己设置，只能通过质量保证来设置（例如，状态"验收"等）。对比图 4-11。

■ 质保人员否决基线创建的权利（见 5.14.5 小节中有关 SUP.1 的 GP2.1.7）。例如，这可以通过规定基线创建的先决条件是所有关联的配置项都是"已验收"状态来实现。

5.16.7 GP 2.2.1——工作产品需求

参看 5.15.7 小节。

对以下两项给出结构要求：

■ 配置项的历史记录条目和检入注释。

■ 配置管理和恢复（recovery）计划。

定义自动评估和视图以从配置管理工具获取信息时，已隐性定义了结构要求。

检查表（check list）对于基线审核和基线复制测试结果问题清单很有用。

内容上的质量特性包括语言上的正确、精确和易于理解［Metz 09］，［intacsPA］。

5.16.8　GP 2.2.2、GP 2.2.3——工作产品的处理

GP 2.2.1 的期望通常包含在工具应用中［Metz 09］（见 5.15.7 小节）。这也适用于 GP 2.1.5 中已经提到的配置项和基线的访问权限。

书面的配置管理计划本身必须也处于配置管理之下。在任何情况下，它都应该进行版本控制，因为原则上配置管理计划是动态可更改的（见 4.2.2 小节）。但是，它不必是基线的一部分，这个由项目决定。注：如果 SUP.8 有标准的 CL3 流程，则配置管理策略是标准化的，是流程描述的一部分（除非项目因为某种原因使用剪裁过的策略，不然不需要项目特殊配置管理策略）。流程描述绝不是项目或产品特定基线的一部分（仅所用标准过程的版本与项目或产品特定基线相关，见 6.1.2 小节）。

考虑配置项的某些状态是否应由质保人员而不是产品经理来设置。还应考虑是否要授予质量保证部门对基线创建的否决权（详见 5.14.5 小节 SUP.1 的 GP 2.1.7）。

5.16.9　GP 2.2.4——检查工作产品

首先参看 5.15.7 小节。

对配置管理工作产品的检查包括［Metz 09］，［INTACSP］：

■ 检查配置管理策略或配置管理计划和恢复计划。

■ 检查是否遵守配置项和基线的名称约定。

GP 2.2.4 的其他要求如下［Metz 09］，［intacsPA］：

■ 检查未包含在配置工具中的工作产品的指定储存位置的合规性。

■ 对配置项的检入注释或配置工具中不包含的工作产品的修订历史记录的质量检查。

■ 基线审核。

■ 基线复制试验。

评估人员须知 40

GP 2.2.4 对比 SUP.8 的 BP 8 检查配置项的信息

BP 8 已经可以理解为：

■ 存储位置检查。

■ 检入注释/修订历史记录的质量审查。

■ 基线审核。

■ 基线可再现性试验。

因此，上述建议与 CL1 在释义上有重叠。

但以我的经验来看：

■ 以上检查并不普遍。

■ 而且 BP 8 是 CL1 上的几个指标之一，如果不满足此 BP，SUP. 8 流程仍可以被评估为"全面达成（fully）"。

这些建议在 GP 2.2.4 中作为重要提示提出。但 CL2 中，它们是必要性能。CL1 不要求对所有流程活动按时间进行控制，在 CL2 中对这些检查做出计划也很重要。

基线接收者对基线的进一步处理可视为隐式评审。但这类评审不能是唯一的质量保证措施（例如，在系统级软件测试的软件组建中，不容易看到基线中是否包含了版本错误的软件组件，因为您不会查看所有代码），所以基线审核总是必需的。

5.17　SUP. 9——问题解决管理

首先参看 5.1 节。

5.17.1　GP 2.1.1——流程目标（实施目标）

工作量

参看 5.15 节。

节点日期和持续时间［Metz 09］，［INTACSP］

可能的前瞻性流程目标包括规范、何时或多久：

■ 应镜像或者要同步到客户自己的存储库中问题清单以及问题数据库［Metz 09］。

■ 查看和编辑自己存储库的问题清单［Metz 09］。

■ 例如，从存储库生成"状态报告"（见 BP 8、BP 9、WP 15 – 12 问题状态报告、15 – 05 评估报告），并提供给处理者和利益相关者代表［Metz 09］，这可能在一夜之间发生。

CL1 中还包括经验教训，因为它们有助于通过从其他人的问题学习中来主动避免问题。在 GP 2.1.1 下，您可以看到此类经验教训学习的节点或频率［通常在项目开始时、在里程碑（如质量门）和项目结束时］。因此，遵守这些目标节点不是 CL1 要求的一部分，因为流程目的也可以通过某"英雄"完成。这些时间方面的跟踪和确保如期完成就是 CL2 中要求的对流程进行控制。

绩效公式［Metz 09］，［intacsPA］

工具支持的可自动计算的流程目标（也可组合的）［Metz 09］如下：

■ 要求在一定的间隔内提出的新问题都在处理中的（例如，这些问题处于状态"分析"或"拒绝"）。

■ 在创建基线或新版本之前，哪些类别和严重性的问题最迟什么时候必须解决［Metz 09］。

■ 每次问题分配的项目或个人的最大负荷量。

■ 某一给定优先级或类别问题项的最长分析或处理时间。

这些绩效公式也可用于监视其他流程（如 SYS 和 SWE［Metz 09］）的以时间和工作量导向的流程目标。例如，如果某些软件组件要在最多 n 个人工日内实现，则还必须考虑可能出现的问题（例如集成和软件测试的负面结果），而不仅仅只考虑什么时候源代码编写，第一稿什么时候完成。

还可以为问题讨论会议（参见 GP 2.1.5、GP 2.1.6）设置绩效公式，以确定处理的有效性。

5.17.2　GP 2.1.2、GP 2.1.3——计划和监控

工作量请参看 5.15.2 小节。

节点时间表规划是指召开和终止下列会议：

■ 客户参与的问题讨论问题的会议［Metz 09］。

■ 内部问题讨论会议。

■ 技术经验教训会议。

■ 领导参与的升级会议（见 BP 5 "批准的应急措施"，BP 6 "发送警告"）［Metz 09］。

以上会议的监控指会议如计划举行，包括需参与会议人接受会议邀请的状态和实际参加会议人员［Metz 09］。

所有此类信息的报告需传达给利益相关者（见 GP 2.1.7），否则不可能成功地对计划偏差进行调整（见 GP 2.1.4）［Metz 09］

5.17.3　GP 2.1.4——调整

参看 5.15.3 小节。

5.17.4　GP 2.1.6——资源

参看 5.15.5 小节。

5.17.5　GP 2.1.7——利益相关方管理

首先参看 5.15.6 小节。

SUP.9 的利益相关者是:

■ 客户。

● 问题条目可以由客户输入。因此,当涉及分析结果和决策的信息时,客户是利益相关者之一。供应商的应急措施也会影响到客户,包括召回。

■ 直线经理。他们指派员工参加问题委员会。

■ 各级项目经理。

■ IT 部门。

■ 公司服务台。

■ 其他级别或领域的问题委员会或问题管理人员。

■ 测试员。

■ 制造部门的生产计划人员或质量计划人员。

■ 技术销售。

■ 驻地工程师。

■ 采购。

■ 某些情况下还有法务部门。它提供以下咨询意见:

● 解决问题的办法,没有必要改变技术产品时,公司内部的技术状况和市场标准技术的对比。

● 如果拒绝问题或即使问题解决了也没有效果,造成从产品责任的角度来看的过失或蓄意行为。类似情况也适用于合同法规定的有关担保事项的问题。

■ 实地观察。由此得出关于产品开发的基本结论。

■ 专利部门进行检索,研究问题解决方案是否引发专利问题。

■ 质保人员,哪些问题条目属于质量保证问题来追踪。

5.17.6　GP 2.1.5——职责和职权

首先参看 5.15.4 小节,尤其是评估人员须知 36。

处理问题的方法有以下几种组合:

■ 项目相关问题经理[Metz 09]。特别是在产品线或模块化开发中,特别是对于大客户来说,这样的一个角色可以作为面向内部和外部客户的唯一接口。如果他是一位技术经验丰富的专家(他应该是,因为他的职责不单是管理问题量或充当客户问题数据库的简单二传手），他可以而且应该始终预处理问题条目，并且在必要时，甚至是预先做出决定。该问题经理也可以是客户现场的驻地工程师［Metz 09］

■ 共同审查问题项目的专家委员会。委员会包括了所有必要的人员，例如（分）项目经理、系统、硬件、应用软件和基础软件工程师、测试人员，以及生产或质量策划人员、技术销售人员、驻地工程师、采购人员、法务部门（如有必要）、有现场知识背景的工厂工程质量代表等。根据组织形式或产品复杂性［Metz 09］，此类委员会也可能有多个级别，并且在对问题的评估过程中，对输入的问题进一步降级。有关信息参看机电系统开发的示例中对问题输入进行异构评估的例子，见 2.5 节的示例 2 和示例 3，5.2 节的示例 12。

■ 技术经验教训委员会的工作人员应为经验丰富的专家，由此有利于实施主动预防问题战略。经验不足的新手通常不适合担任此角色。

评估人员须知 41

SUP. 9：问题委员会中的成员

在上述有关问题机构组成的例子中说明，问题委员会中包括生产或质量策划人员以及技术销售和采购等代表。

后者通过 ACQ 流程合法化，但前者不包括在 Automotive SPICE 的范围内，因为 Automotive SPICE 中不包括生产领域，但在实践中，邀请生产领域的相关人员参与问题解决是非常明智并有必要的，所以问题解决管理的成功决不能局限于 Automotive SPICE 定义的范围。

5.17.7 GP2.2.1——工作产品需求

参看 5.15.7 小节。

5.17.8 GP2.2.2、GP2.2.3——工作产品的处理

参看 5.15.8 小节。

合理的需求之一是确认的问题输入和它们所属基线之间的可追溯性［Metz 09］，包括将来所有有关的工作产品版本（它们也是基线的一部分）。在此基础上可以对发布做出评判：比如，当所有具有高优先级和中等优先级或相应严重性的问题都得到了解决，可以发布。注：这里没有对应的 BP，本建议与 GP 2.2.2 相关。

5.17.9 GP 2.2.4——检查工作产品

参看 5.15.7 小节。

5.18　SUP.10——变更管理

首先参看 5.1 节。

5.18.1　GP 2.1.1——流程目标（实施目标）

成本

参看 5.15 节。

节点日期和持续时间 [Metz 09]，[INTACSP]

可能的前瞻性流程目标是，例如，规定变更控制委员会（另见 GP 2.1.5 和 GP 2.1.6）何时以及以什么频率，查看变更需求和进行或启动一次影响分析 [Metz 09]，[intacsPA]。

变更需求本身的到期日定义不是 CL2 的流程目标。原因是 CL1（通过 BP 4 分析和评估变更需求以及工作产品 13–16 变更请求）已经有时间方面的要求，如处理变更需求或影响分析完成日期。但是，真正以这样的方式控制处理，以实现这一愿望并不是 CL1 要求的一部分，因为实现处理目的也可能意味着变更需求的处理是由"英雄"在完成日期之前不久完成的。以受控流程的形式跟踪和确保到期完成属于 CL2 的要求。

绩效公式 [Metz 09]，[intacsPA]

在工具支持下实现的可组合的绩效公式有 [Metz 09]：

■ 截止到基线或发布的给定时间段内最多可以有多少还处于打开状态或还未实现的变更需求。

变更需求如何能作为项目进度跟踪的通用任务管理，参见 4.2.2 小节附注 7！

■ 项目或个人某时段处理变更需求的最大负荷（CR 峰值）。

■ 某一给定优先级或类别的变更需求的最长分析时间。之后必须做出决定，实施或拒绝。

这些绩效公式也可用于监视其他流程（如 SYS 和 SWE [Metz 09]）的以时间和工作量导向的流程目标。例如，如果某些软件组件要在最多 n 个人工日内实现，则还必须考虑期间可能出现变更请求，而不仅仅只考虑什么时候进行源代码编写，第一稿什么时候完成。

可能的话，还可以针对变更控制委员会会议的举行设置此类度量，以确定变更需求处理的有效性。

5. 18. 2　GP 2. 1. 2、GP 2. 1. 3——计划和监控

有关支出参看 5. 15. 2 小节。

节点时间的规划是指确定变更控制委员会的节点日期以及邀请相关人员（见下文 GP 2. 1. 6 和 2. 1. 7）。监控应包括接受邀请的状态和所涉流程参与者的出席情况［Metz 09］。

5. 18. 3　GP 2. 1. 4——调整

参看 5. 15. 3 小节。

5. 18. 4　GP 2. 1. 5——职责和职权

首先参看 5. 15. 4 小节，尤其是评估人员须知 36。

变更控制委员会（CCB）是当前非常先进的方法。该委员会必须召集所有必要的小组，如（部分）项目负责人、系统、硬件、应用软件和基础软件工程师、测试人员。但如有必要，还需召集生产或质量计划人员、技术销售、驻地工程师、采购等。

除了示例 2 和示例 3（见 2. 5 节），下面的机电系统开发示例清楚地表明，所有技术组都必须召集在一起。因为，一个看似纯粹的机械决策会对软件设计产生影响：

■ 由于行驶时空气噪声过大，车门系统需要更厚的橡胶密封件。这一变化会对软件的设计产生影响，因为现在必须区分两种情况，一是由于防夹而强制车窗反向运动，一是需要以更大的力进入橡胶密封件的正常关窗动作。尤其在天气寒冷的时候，这一区分将更为困难。

然而，异质的变更控制委员会的缺点是，相关小组虽被邀请到一起，但是因内容不同而无法给出实质性贡献。另一可能是设置多个变更控制委员会［Metz 09］，例如，根据组织形式或产品复杂性，为机械、电子、软件或应用参数等子域设置变更控制委员会。变更需求有效传递的方法之一是分层组织子域的变更控制委员会，这样一来变更需求可以双向传递，从子域到系统域，也可以从系统域到子域。

该方法带来的风险是可能导致变更需求泛滥，但决定哪些变更需求实际上是要传递的，哪些不是，这与变更控制委员会的组织形式无关，而始终是一个专业内容的问题。

5.18.5 GP 2.1.6——资源

参看 5.15.5 小节。

5.18.6 GP 2.1.7——利益相关方管理

首先参看 5.15.6 小节。

SUP.10 的其他利益相关者包括：

■ 客户。

● 他们提出变更需求，并参与技术和经济决策。供应商的内部变更需求，客户也会受到影响，例如，当软件更改必须在车辆维护周期内进行而不是召回时，这将是 SUP.9 "问题管理" 中的紧急措施。

■ 直线经理，他们指派员工参加变更控制委员会。

■ 各级项目经理。

■ 其他级别或领域的变更控制委员会（如机械、软件、硬件）。

■ 测试人员。

■ 生产或生产质量计划人员。

■ 技术销售。

■ 必要时，法务部门为以下情况提供咨询：

● 与正常市场相比，技术产品的变化不必要地提升了内部技术水平。

■ 研究问题解决方案是否涉及专利的专利部门。

5.18.7 GP 2.2.1——工作产品需求

参看 5.15.7 小节。

5.18.8 GP 2.2.2、GP 2.2.3——工作产品的处理

参看 5.15.8 小节。

有用的可追溯性需求之一是变更需求和基线即计划发布的版本之间的链接。不然，绩效公式及其监控（如上文 GP 2.1.1 和 GP 2.1.3 的示例）将不可用。

注意：这种可追溯性已经是 CL1 的要求。但是，因为它只能间接追溯，以下两点：

■ BP 8 "建立变更需求与受变更需求影响的工作产品之间的可追溯性"。

■ 重要的是要明白，基线和发布也是工作产品，如附注 8（5.2.1 小节）所示。

对追溯性提出明确的要求。

5. 18. 9 GP 2. 2. 4——检查工作产品

首先参看 5. 15. 7 小节。

请记住，附注 7（见 4. 2. 2 小节）建议将变更请求也用作任务管理的一种手段。

此外，有必要检查变更需求是否双向引用其相关的工作产品（CL1 里 BP 8 的要求）。最后还应检查变更需求与其基线和发布的版本（见上文 GP 2. 2. 2）之间的链接。

第6章 能力级别3级——对通用实践的实用解读

评估人员须知 42

对一个项目进行 CL3 评估，意味着什么？

正如我们在3.3.4小节中所看到的那样，实现流程的 CL3 是组织的特征和绩效，而不是项目的特征和绩效。由于项目是企业中重要的工作形式，所以对项目的评估只是确定组织中流程成熟度的手段。Automotive SPICE 最初的模型，即 ISO/IEC 15504-5：2006，实际上是关于组织的流程能力，它基于以下事实：

■ 没有组织背景就无法实现 CL2，例如对项目经理来说，没有组织支持，就无法得到所需的资源，人力资源相关的职权职责也无法得到承认。

■ ISO/IEC 15504-5：2006 的流程参考模型中，有一些流程与组织的能力和绩效直接相关，但 Automotive SPICE 并没有采用，例如：

- MAN.1 组织协调；
- MAN.2 组织管理；
- PIM.1 流程建立；
- RIN.1 人力资源管理；
- RIN.2 培训；
- RIN.3 知识管理；
- RIN.4 基础设施；
- REU.1 资产管理；
- REU.3 领域工程。

■ 根据 CMMI®，ISO/IEC 15504-7：2008 或 ISO/IEC 33004、ISO/IEC 33080、ISO/IEC 33081 和 ISO/IEC 33041 明确规定了"成熟度等级"，当某些流程共同达到某一最低能力级别（CL）时，即达到该成熟度等级。相比之下，Automotive SPICE 不提供成熟度等级。因为从 OEM 的角度来看，对供应商的评估是关于具体的软件、ECU 或系统的开发，由于 ECU 和系统的开发也是以项目的形式在供应商处进行的，这就意味着 Automotive SPICE 评估是以项目为单位进行的。

对于 CL3 来说，由此可见，典型 Automotive SPICE 评估只能确定一个项目是否符合存在的标准流程，以及是否存在改进回路。典型的 Automotive SPICE 评估无法确定是否所有项目都按照这些标准工作。

6.1　PA 3.1 和 PA 3.2

在下文中，我们并不严格按照 GP 的编号顺序解释通用实践，如在讨论标准流程的剪裁时，GP 3.1.1 和 GP 3.2.1 一并讲解，这样更易于理解和教学。

6.1.1　GP 3.1.1 ~ GP 3.1.4——流程描述

Automotive SPICE 文本［ASPICE 3］：

在谈到流程步骤的要素之前，我们先讨论一个重要方面。

"GP 3.1.1：定义并维护标准流程，以支持已定义流程的实施。

开发和维护一个包含基本流程要素的标准流程。

标准流程说明了其实施的要求和背景。

如有需要，提供指导和规程以支持这一流程的实施。

如有需要，提供适当的流程剪裁指南"。

"GP 3.1.2：确定流程的顺序和交互，使其作为一个集成的流程系统来运作。

确定标准流程与其他流程的顺序和交互。

按规定实施标准流程，以保持流程的完整性。"

"GP 3.1.3：确定执行标准流程的角色和能力、职责和职权。

确定执行该流程的角色。

确定执行该流程的能力。

确定明确履行职责所需的权限。"

"GP 3.1.4：确定执行标准程序所需的基础设施和工作环境。

确定流程基础设施的组成部分（设备设施、工具、网络、方法）。

确定对工作环境的要求。"

在谈到流程步骤的要素之前，我们先讨论一个重要方面。

以用例为导向展开对流程的解释

为了方便阅读标准流程说明，现在可以使用有针对性的、可导航的电子演示文稿。与具有结构化通顺正文的书籍相比，它更有吸引力，可以更快地查找。但在实际工作中，人们经常会在电子版流程说明中看到这样的扉页（图 6-1 和图 6-2）：

图 6-1　实际工作中标准流程说明的扉页——模仿 Automotive SPICE 结构的流程列表

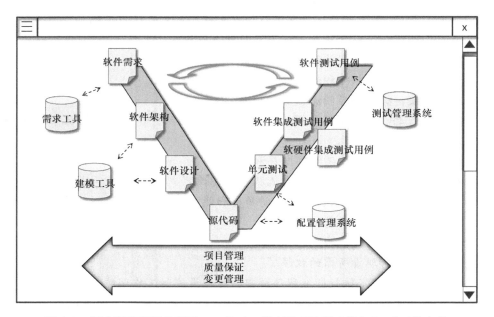

图 6-2　标准流程说明的扉页——基于 V 模型排列的活动任务和/或工作产品

这种形式的介绍在实践中往往不那么成功，主要原因有两个：

1）它们并不代表实际工作中常遇的产品发展场景，常遇场景见示例 16。

示例 16

■ 接管开发

接管市场上先前的一个项目的产品，不做任何改动或只做小的改动，例如纠正错误或对用户界面进行客户特定的调整（例如通过 LIN、CAN、FlexRay、MOST 等与车辆环境进行通信）。

■ 新开发

此前从未出现过此类项目或产品。

■ 产品线开发

开发可重复使用的结构，见 2.1 节。

■ 应用

根据客户的具体情况开发一条产品线。

■ 变更请求

在应用或新开发项目中，或已经量产的产品（量产项目）中实施已经通过的客户或公司内部的变更要求。

2）它们没有从特定角色的角度来展示具体的任务和工作流程，比如软件开发人员的具体任务和工作流程。

以上两点明确说明：流程说明是为流程使用者的需求服务的，而不是满足流程建模者的需要或者让评估者和审计者满意。流程用户不愿按迭代递增的顺序阅读 V 模型的逻辑论述，更想了解在上述某一种产品开发的工作中，他个人具体是由谁调动，必须如何开始。并且这些做法有悖于 GP 3.1.1 的要求：制定标准流程，这一规范代表了真正的直接的工作说明。即在项目环境中，流程使用者可以有效地遵循它，并在必要时可以事先对其进行有效的调整。不满足这个要求，就有了减分原因 35（6.2.3 小节）。

解决上述情况的方案之一是采用面向用例的形式来描述流程，并将这个用例作为流程说明的扉页。

示例 17

图 6-3 中的用例代表了软件开发团队（方框里的系统）的流程用户的视角，因为他可以看到项目经理（外部执行者，图中线状小人）期望他进行哪些活动，例如，为软件接收提供结果（用例之一）。一个用例总是从流程执行者的角度出发，并给出一个他需完成的结果。

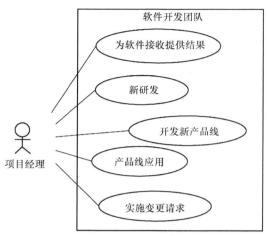

图 6-3　标准流程中给软件开发人员的以用例为导向的扉页的示例性草图

各种用例包含不同活动的运行，由系统软件开发团队中的必要角色来执行，并方便执行者执行用例（见图 6-4 和图 6-5，虚线框标出的活动表示它们在多个

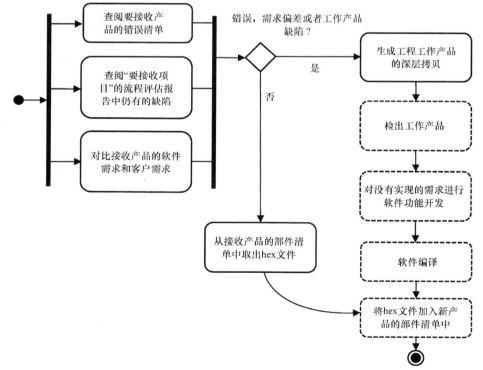

图 6-4　用例：生成软件接收的结果，其背后活动的抽象、示范性草图（基于 UML 活动图）

用例中出现，而该活动的描述只需一次）。

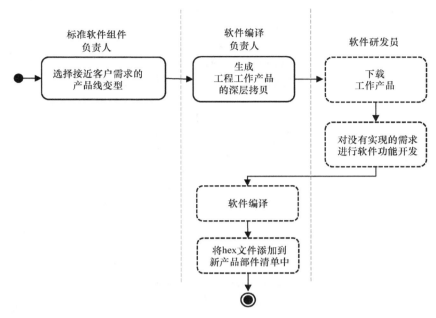

图 6-5　应用产品线开发用例有关任务活动的抽象示范性草图（基于 UML 活动图）

创建新的产品线用例的重要说明

创建一个新的产品线需要大量的时间，往往出于经济上的需要，在实际工作中必须服务于已经从中平行运行的开发项目。同时，也不会从零创建一个新的产品线，而是对选定项目中部分进行全部或部分接收。

这意味着新产品线操作中还必须掌握多项目管理，比如一方面开发项目定义出何时需要产品线项目中的某个软件组件或系统设计。而另一方面，通用产品线项目希望自上而下地系统开发产品线（图 6-6）。

以上描述是一个由项目经理自己执行的用例（图 6-3 显示的是软件开发人员的用例），在新产品线的情况下，必须规定如何执行多项目管理！

交织所有流程汇总工作流

图 6-1 和图 6-2 图示的另一个缺点是，辅助流程和管理流程被单独列出，没有嵌入到真正需要的地方。先只做需求定义，之后再孤立地点击配置管理，再点击质量保证的例子不符合实际，实际操作是：

■ 例如，如何创建需求规范的中间版本。

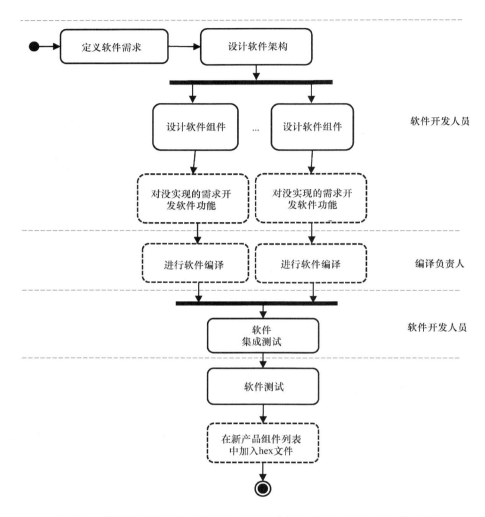

图 6-6 新研发用例有关任务活动的抽象示范性草图（基于 UML 活动图）

■ 之后定义更多的子功能（SWE.2 的部分）。

■ 然后对其进行正式评审（SUP.1 的部分）。

■ 之后借助工具（SUP.8 部分）完全冻结满足质量保证的需求规范。
  或

■ 查看要接收产品的错误清单（SUP.9 的部分）。

■ 与此同时必须审查将被接管的项目的流程评估的仍存在的缺陷（SUP.1 的部分）。

■ 还有就是将拟接管产品的软件要求与新客户的要求进行比较（SWE.1 的

部分）。

因此，用例背后的流程步骤并不像图 6-1 和图 6-2 那样遵循特定的主题，而是遵循自然的操作顺序（见图 6-4 和图 6-7）。其中例外的是变更需求的执行，它不是交织在一起的，而是一个独立的用例，见示例 16 和图 6-3。

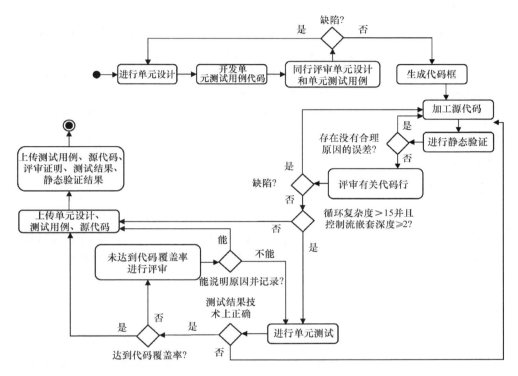

图 6-7　用例背后的流程步骤在主题上是交织在一起的，如上草图（基于 UML 活动图）
详细说明对图 6-4 ~ 图 6-6 中未实现的需求进行软件功能开发

选择建模语言

我们在上文中说过，流程的客户是流程用户，而不是建模专家或评估人员。因此，应该有意识地确定使用哪种图形化建模语言来描述用例背后的流程。即使是全球标准化的符号，如业务流程建模符号（BPMN）或 UML/SysML 活动图，也不能被所有流程用户理解。这一点在机电产品的开发中尤其重要，因为其中不仅涉及软件设计人员，还涉及电子和机械设计人员。人的本能反应是（理所当然地）忽略不理解的流程说明，或者把它看作学术性的东西放到一边。虽然这一做法并不客观。因此，有必要对所选择的流程说明符号进行广泛的培训，或让有经验和能代表用户意见的流程用户参与到它们的定义中来。

用例法本身最初是在 1992 年为软件系统提出的 [Jacobson et al. 92]。它能较为容易地传达给流程说明的读者。

评估人员须知 43

跨流程理解 GP 3.1.2

CL3 评估总是针对一个流程的，但这并不意味着 GP 3.1.2 所要求的顺序和交互的规范只限于 Automotive SPICE 流程中的流程元素。

一方面，Automotive SPICE 的流程章节原则上是任意切割的，另一方面，全面的交织展示是流程说明教学成功的绝对条件。在 GP 3.1.2 的文本中，"确定流程之间的顺序和相互作用，使它们作为一个集成的流程系统发挥作用"明确表达了这一点。

评估人员须知 44

跨流程理解 GP 3.1.2 不能剪裁

评估人员须知 43 指出，标准流程应以交织工作流的形式呈现，在实践中才有价值，所以 GP 3.1.2 也应这样来解读。因此，以交织工作流的形式描述标准流程，不允许剪裁。只有在这些交织在一起的标准化工作流的基础上，才能对标准流程进行剪裁。

流程说明的要素

一个流程描述基本由三要素组成（图 6-8），活动↔角色↔工作产品（作为元模型的观点）。每一个活动都有输入和输出的工作产品。输出工作产品也可以

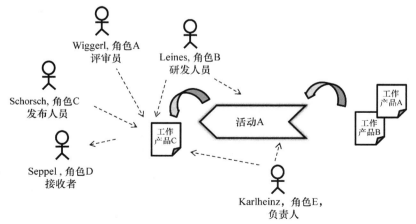

图 6-8 三要素的示例草图，适用于每个流程步骤

只是同一输入工作产品的修订或状态变化（图 4-11）。不存在没有输出工作产品的活动。特定的角色如工作人员、评审员、发布人员等对一个活动有不同的看法。由于流程说明是以电子形式提供的，因此必须在上述三要素间能够导航。

　　注意：直接采用 Automotive SPICE、ISO、IEC 或 IEEE 标准中的活动和工作产品的名称，甚至照搬其描述，这在实践教学中是个败笔。流程描述必须为自己的流程用户服务，因此，适合公司的标准流程必须严格使用自己的术语来描述：

- 活动。
- 工作产品，即具体文档、规范和存储库内容。
- 角色。
- 结构。

　　为了能够正式证明流程符合相关标准（例如，在外部评估、审核或产品责任案件中），应在流程描述中加入反映这些标准的附加信息，这样一来可以免去流程的读者自己寻找这些标准或其解释（见 6.2.3 小节减分原因 35）。为读者做类似解读工作，是制定标准流程者的任务。

工作产品和工具的说明（图 6-9）

　　工作产品需要说明与其有关的软件工具，包括：

- 生成它的软件工具。
- 存储它的软件工具。

　　这些工具本身有用户指南，必要时辅以截图进行描述。注意，在一个标准流程中，可以允许使用几种替代工具［Metz 09］。但是，在为一个具体项目量身定做的流程中（详见下文），必须对一个工具做出选择，即在一个项目中不应该为达到同一目的同时使用几种工具。

　　每个工作产品的描述中包括：

- 哪些质量标准适用于它（见 GP 2.2.1）。
- 对它应采用何种测试方法、测试覆盖率、测试频率和测试方（见 GP 2.2.1）。
- 基于相关软件工具上的特殊项，如：
  - 状态
  - 寿命/有效期
  - 关于配置管理的规定 ｝这里同样是基于工具
  - 变更管理
  - 备份和恢复

此外，工作产品说明中还应提到：

- 模板。

■ 最好是真实的项目实例。

■ 检查清单。可能有几个检查清单，例如，一个是从研发的角度，另一个是从评审人员的角度（工作产品的质量保证）。

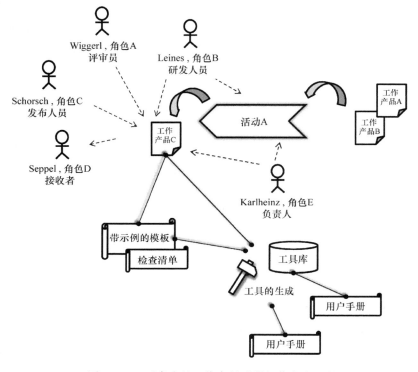

图 6-9　三要素中的工作产品及附加信息和工具

工作产品是否要理解为实际文件？答案是肯定的。如上所述，流程描述必须反映出组织或项目中约定俗成的工作方法，也就是说，在流程描述中，要创建的工作产品必须是流程使用者可以识别的。否则，流程描述就不会有教学上的成功。

在大多数情况下，用户需要一个工作产品的完整内容来执行一个活动，例如，以下推导：

■ 从利益相关方需求（SYS.1）中推导出系统需求（SYS.2）。

■ 从软件需求（SWE.1）中推导出软件架构（SWE.2）。

■ 从软件需求（SWE.1）中推导出测试用例（SWE.6）。

但是，情况并非总是如此。在某些情况下，一项活动不需要工作产品全部，而只需要其中的一部分［Maihöfer & Metz 16］。

示例 18

■ 根据系统需求推导出系统架构，例如，只有与功能和可靠性相关的需求才是重要的。而几何形状、材料要求和表面质量等系统要求，通常与架构无关，但会产生部件清单中的变型，或体现在技术图样或几何模型中。

■ 对于功能安全的项目定义（ISO 26262 – 3 中的 5.4 节），需要（概括地）了解每个产品功能在操作使用场景中的目的和目标，产品的系统状态和适用于产品的法规要求。这些只是所有利益相关方需求或系统需求（SYS. 1 或 SYS. 2）的一个子集（一个部分）。它们中的其他信息，对以危险和风险分析为起点的项目定义不是必要的（ISO 26262 – 3 中的第 7 章），如相关适用的文件（mitgeltende Unterlagen）、流程需求、特定总线系统的规范或其他设计约束条件。

因此，在这些例子中，一概将系统需求规范作为输入工作产品，对流程用户既无帮助也不精确。但是，另一方面，只提供所需的具体信息作为输入也是不够的，读者将不知道在哪里可以找到其他相关信息（在哪个工作产品中）。

解决的办法是，流程建模中，在任何情况下都要把工作产品作为输入，但如果有必要，也要明确说明其中哪些信息是真正与活动相关的（图 6-10）。

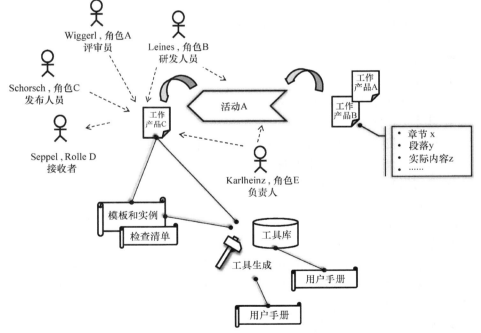

图 6-10　三要素中作为输入的工作产品的具体组成部分

评估人员须知 45

GP 3.1.1：CL3 的模板

根据评估人员须知 15（4.2.1.1 小节）我们知道，Automotive SPICE 没有指定模板，因此，在没有完整标准流程的情况下，评估 GP 2.2.1 时不能要求模板。这同样适用于 GP 3.1.1。但作者认为标准程序的模板：

a）是一个最新的概念。

b）GP 3.1.1 中（相对于 GP 2.2.1 的表述）暗示："应根据需要提供支持流程实施的指南和工作方法"。

如果在标准流程中提供了模板，那么当然要使用这些模板，即间接说明 GP 2.2.1 中的模板来源于标准流程。

活动必备的角色和能力说明

请注意，利益相关方代表和流程中的内部研发人员都必须有角色说明（关于这些术语，参见 4.1.3 小节评估人员须知 7 中的角色区分建议）。每个角色都定义了以下内容：

■ 职权，包括诸如：

● 预算责任。

● 升级的权利，以及如何行使这个权利。

● 工作产品的所有权和使用权。

■ 职责：

● 专业特殊。

● 涉及哪些工作产品和活动：

– 具体工作内容。

– 承担的责任，即使没有直接参与具体工作（问责）。

– 参与检查（按 GP 2.2.4 的定义）。

– 参与发布和验收（按 GP 2.2.2 的定义）。

– 须获知工作结果。

■ 所需技能：

● 方法性知识［Metz 09］。

● 必要的软件工具和基础设施知识，包括用户权利的定义［Metz 09］。

● 专家知识［Metz 09］，可以直接列出所需知识，也可以定义在该领域的最低专业经验年限来实现。

● 如有需要，外语知识。

● 软技能（例如，对于项目经理或系统工程师来说是必不可少的执行力）。

除了有针对性地用于项目工作外，角色描述还有一个好处，就是可以将其作为以下各项的基础［Metz 09］：

■ 新员工招聘。
■ 内部职位说明。
■ 招募外部人员将工作平台外延。

评估人员须知 46

GP 3.1.3 也包括职责和职权

在 Automotive SPICE 的 2.5 版本中，GP 3.1.3 尚未要求定义职责和职权，而 GP 2.1.4 则要求。

Automotive SPICE 的 3.0 版本已经纠正了这一点，现在在 GP 2.1.5 和 GP 3.1.3 中都提到了职责和职权，因为：

■ 在实践中，一个人通常只有拥有相应的授权，才能有效地承担起责任（例如 5.12.4 小节不减分原因 13 和减分原因 28）。

■ GP 2.1.5 自动通过 GP 3.1.3 一起定义，但条件是必须遵循标准流程（PA 3.2）。因此，通用实践项之间的要求必须一致。

实践常常以工作产品为导向来理解角色（软件开发人员必须创造哪些工作产品？必须测试哪些工作产品？）。但有时严格的角色思维也会产生以下不利现象［Fuchs & Metz 13］：如这不是我的角色，所以不是我的工作或担任该角色的同事不在，就理所当然没有工作结果等心理。这就导致虽然其他人有能力接管活动，但活动还是被搁置的情况。

减少这种心态的一个解决办法是，不仅要明确规定角色的所有必要知识和技能，而且要明确规定各活动的必要知识和技能［Fuchs & Metz 13］。这就表明，如果其他人单独或共同拥有这些技能，他们可以很容易地介入并立即接管该活动，而不是等待接替该角色的人出现（顺便说一下，在评估中，介入涉及 GP 2.1.4：调整流程实施）。这与事实相符，即一个角色并不一定要像人们认为的那样，一次只分配给一个人，这是错误的。一个角色是一个抽象的术语，可以由几个人担任（例如 ISO 26262-2 的安全经理）。但在这种情况下，具体的责任或分工必须明确，以免冲淡责任感，或互相踢皮球（图 6-11）。

方法和技术的说明

在标准流程的实践中，一个重要的问题就是活动说明的颗粒度和范围，因为它很容易变成一页页流水式的文字，这通常会降低阅读的吸引力。

如果换种方式，只给活动规定目标，将具体的、更详细的工作说明或方法说明作为单独的流程要素存储。该方式的优势是，可以把同一方法指配给不同的工

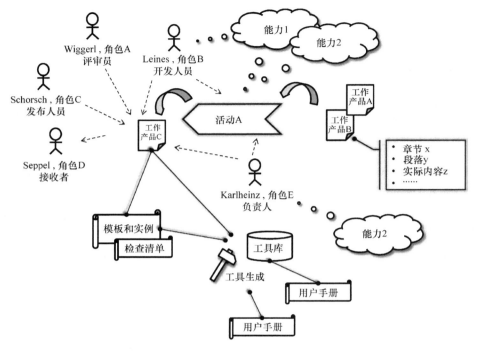

图 6-11　三要素中的活动和/或角色的能力

作产品和活动（图 6-12）。

■ 如何进行静态和动态软件设计取决于"软件单元设计开发"活动，因为你不会为每个活动例如生成一个单独的 SysML 图，活动的目标可以是：

a）创建静态的、分层的组件结构及其接口。

b）建立它们之间的信息流模型。

c）从信息流中导出状态图。

■ 如何建立故障树与工作产品故障树是一对一的关系。故障树与"识别，分析错误和故障"的活动有关。工作产品 FMEDA 及其本身的方法说明也与这项活动有关。

请注意，标准程序有权规定达到 CL1 和 CL2 的性能的所有必要方法（见6.2.1 小节的减分原因 33 和 6.2.2 小节的减分原因 34）。这意味着，标准流程中的方法规范还必须包括以下内容：

■ 流程目标（实施目标）：

• 支出的最低和最高限额（见 4.1.1 小节第 2 点）。

• 绩效公式（见 4.1.1 小节第 3 点）。

■ 计划（GP 2.1.2）和监控（GP 2.1.3）的方法论。

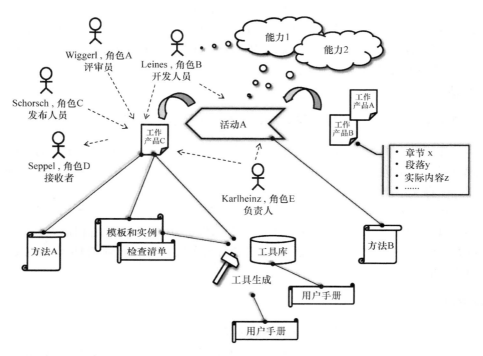

图 6-12　三要素中的工作产品和活动的方法

标准流程的配置管理

在剪裁方面（详见下文），应该为每个项目指定它所遵循的规定流程，即根据哪个标准流程工作。这有利于通过评估和审核，并支持产品责任案件的验证。由此产生的问题是：基于用例法的标准流程发布有什么特点？在用例法中如何描述标准流程发布的特点？

首先，对各个标准流程要素（工作产品定义、模板、检查清单、方法、活动、角色定义、能力描述、工具的用户手册）进行版本化。这些都是配置元素。此外：

■ 一个用例的版本化是通过底层流程元素的版本来实现的（图 2-3）。

■ 多个用例可能共享相同的流程要素版本（图 6-7）。

这意味着一个用例本身就代表了配置管理意义上的逻辑配置。这还意味着，一个具体的用例版本代表一个基线，基线标签就是用例名称加上版本号。

一个用例基线如果试行（piloting）成功，将发布。如果进一步在大范围内推广成功（roll-out），就正式成为新的标准流程。此后，可以只对用例做非常小的改动（小改动尤其适用于随着时间的推移，标准流程变得更加成熟和稳定的情况下），例如，可以只更精确地指定一个方法或补充一个检查清单或模板。新流程的培训将限定在流程中变化了的部分。但是，还是要建立一个新的用例基线，这样不用每次向项目展示它们是基于哪个标准流程时，都要写出一个有数百个版本的各个流程元素的清单。

评估人员须知 47

在哪个流程中，评估标准流程本身的构建和配置管理

流程的 CL3 要求标准流程包含流程要素。但是，这些标准流程要素的管理本身不能成为 CL3 的一部分，因为 CL3 中没有相应的通用实践（GP），而 CL3 本身又不能基于某一 CL2。

评价标准流程建立和管理的流程应该是 ISO/IEC 15504 – 5：2012 中的 ORG.1A：流程建立或 ISO/IEC 15504 – 5：2006 中的 PIM.1：流程建立，Automotive SPICE 中不存在这个流程。标准流程元素的配置管理则是 ORG.1A 以及 PIM.1 的 PA 2.2 的一部分。

标准流程与培训资料

同时注意，流程说明不是培训教材本身。两者是不同的东西。

培训材料⊖包含背景知识、所定义的规则和技术决策的教学推导、连续的案例分析和连续的任务与解决方案样本等。而标准流程则是最终的规则，仅限于要素。对于那些已经接受过培训的人来说，它们是一本指导参考书，这样他们就不必在通常复杂的培训文件中寻找。

培训教材中的内容请参考标准流程说明。逆向参考，即标准流程说明参考培训教材，可能带来的问题是：通常，您会比更新流程基线更频繁地优化、补充和重组培训材料。培训教材改变后，取决于您对培训材料的部分内容（幻灯片、案例研究、任务、解决方案示例等）引用的颗粒度，必须新建标准流程基线。

标准流程是否一定要被记录下来？

CL3 的目的是商定一个共同的工作方式，并通过适用性反馈改进这一方式。特别是在评估人员培训中，经常会有人提出这样的问题：如果没有记录成文的标准流程，是否可以实现 CL3？回答是"可以"，比如在以下情况下：

■ 拥有 10 名员工，提供 SW 服务的小公司。

■ 或非分布式，集中的中央基础软件开发部门，它是公司内部唯一的以基础软件为产品的服务提供者。该部门员工在开放式办公室办公，彼此位置都很接近。

⊖ 培训的其他资格认证方式可参见 4.1.2 小节的示例 9。

虽然没有成文的标准流程，但能向评估人员证明实现了 CL3 的所有目标。诚然，发展规模越大、越复杂、越分散，这种可能性就越小。不过，作为评估人员，您必须在评估中提供实际的证据，证明 CL3 目标的实现。这就意味着，作为评估人员的您，在无法检查的情况下，不能仅以没有证据作为理由立即扣分或者终止面试。

在没有流程说明文档的情况下，如果在评估中增加访谈时间，很难查明 CL3 目标是否已经实现，这是不争的事实（另见 6.2.3 小节不减分原因 16）。

评估人员须知 48

CL3：在标准流程没有成文记录情况下的访谈计划

为了能够顺利地检查标准流程是否存在并应用在项目中，及其他是否被进一步改进，如果没有记录，您必须从通常的混合小组访谈转向个别访谈。这大大增加了评估的范围。因此，必须在评估计划中与评估委托人（sponsor）讨论这个问题。这意味着在评估规划期间就已经提出评估中的一个问题，即标准流程是否记录成文。

这一做法在市场上是否在策略上或经济上可行是另一个问题。该提示仅从专业角度出发。

6.1.2　GP 3.1.1、GP 3.2.1——标准流程的剪裁（Tailoring）

Automotive SPICE 引文［ASPICE3］：

"GP 3.1.1：定义和维护标准流程，以支持已定义流程的实施。

开发和维护包含基本流程元素的标准流程。

标准流程说明实施需求和实施环境。

根据需要提供指导和/或规程以支持流程的实施。

根据需要提供适当的剪裁指南。"

"GP 3.2.1 实施已定义流程，该已定义流程满足使用标准过程的特定背景要求。

从标准流程中适当地选择和/或剪裁已定义流程。

验证已定义流程与标准流程要求的一致性。"

在 CL3 的基本声明中（见 3.3.4 小节），以简化的形式指出，同一流程可以有几个标准过程。

评估人员须知 49

GP 3.1.1，GP 3.2.1：可以有多个标准流程

PA 3.2 中没有明确说明可以有几个标准流程，因为那里使用的是单数的标准流程。另一方面，既然也没有明确排除复数，而且通常的做法是有几个标准流程，作者认为这并不矛盾。

究竟是说几个标准流程，还是说一个标准流程以及相关几个标准的剪裁，这一点并不重要。

一方面，示例 16（6.1.1 小节）中五种产品开发类型的用例背后的集成交织的过程自动代表了多个标准流程。另一方面，它们也可以被视为几个标准剪裁。可以这样理解，第一次写标准流程时，通常会从新开发类型开始（因为这是最大、最复杂的情况），然后从中推导出给其他开发类型的流程。

究竟它们是标准流程还是标准剪裁，这是一个感觉，没有实际意义。重要的是，产品开发类型的用例意味着将原本不断重复的剪裁工作从项目中移开，这样一来更增加了流程的接受度。

属于标准剪裁的一个情况是，一个用例存在多次，但背后有部分不同的工作流程。

示例 19

图 6-6 中的工作流：对未实现的需求进行软件功能开发，可能存在两种方式，一种是手写代码，一种是基于模型的开发。在这里，指定不同的用例是有意义的，如图 6-7 所示，这些用例仅在所述工作流中有所不同（图 6-13）。

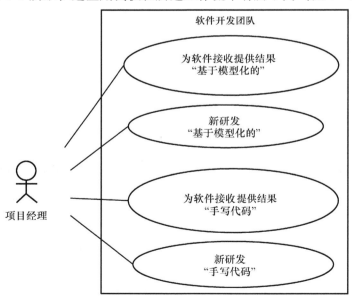

图 6-13　图 6-3（6.1.1 小节）中的案例，它们只是在相应的流程要素上有所不同。对于读者来说，这里用 UML 构造型（Stereotypen）来识别它们

剪裁的另一个例子是安全完整性等级（如根据 ISO 26262 的 ASIL），这涉及不同的活动和使用不同的方法。

示例 20

■ 根据 ISO 26262，ASIL C 和 D 的软件需要（额外的）进行探索性测试，即在技术经验的基础上制造额外的错误条件生成测试刺激，而不仅仅是根据软件需求来测试。对于 ASIL A 和 B，没有明确建议这样做。

用五种不同的方式说明现有用例只会更不清晰，让流程用户望而却步。因此，更好的做法是：

■ 对流程工具中的所有流程要素（工作产品定义、模板、检查清单、方法、活动、角色定义、能力描述、工具的用户说明）在其定义过程中就标识出 QM 和 ASIL。

■ 并且如图 6-14 所示提供用例中的入口页/扉页。

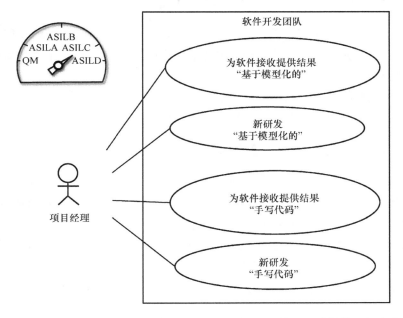

图 6-14　图 6-13 中的用例，其基本工作流程由 ASIL 的"可选择设置"决定

那么对于一个项目的具体剪裁，大致步骤如下：

1）在流程工具中，首先要选择用例版本（标准流程发布）。通常使用最新的版本，因为该版本代表了关于避免系统性错误的最新知识。

2）在所选择的标准流程发布内，再选择所需的项目或开发类型（类似于洗衣机上的选择开关，用于精确的漂洗程序）（图 6-14）。如前所述，这代表了标准的剪裁。然后，流程工具会生成调整好的流程。

3）调整好的流程可以进一步调整为一个已定义流程。进一步的调整是指省略或增加全新的流程要素，或用其他元素替代。但是，这不能是任意的、任性的。既然 CL3 意味着大家一致同意通过分享成功的工作方法来避免系统性的错误，那么一定要有充分的理由来改变（即调整）。例如，一个理由是试行一种新的或替代的工具、方法或角色（如系统工程师）。

注意：流程剪裁不应该由项目单独决定，而是，例如由项目经理与标准流程编辑或标准流程负责人一起做出剪裁决策，更为理想的是，邀请质保人员参与决策。这一切的记录作为后期的证明，由流程工具自动提供，也可以明文记录存档。

评估人员须知 50

GP 3.2.6：项目层面的质保人员参与流程剪裁

如果质保人员参与了项目层标准流程的剪裁，则应在 SUP.1 的 CL1 中予以积极评价（加分项），它是 BP1 中质量保证战略的一部分，并对 BP3 中流程质量保证做贡献。

如果随着时间的推移，您在上面的第 3 步中发现经常会有类似甚至相同的微调，那么就直接在流程工具中把这些设为新的标准剪裁。

6.1.3 多项目管理必要的条件

在实践中，首次开发通用产品线（图 6-3）非常容易忽略一种情况：一个产品线的开发并不是完全脱离所有客户项目，只有在完全完成后才会成为约束基础。相反，产品线开发与客户项目紧密相连，原因有二：

■ 对产品线的需求来源于前期开发和客户项目，那是创新的源泉，也是对市场期望的了解，这些促成了产品线开发。

■ 客户项目已经需要产品线的最新成品，如软件组件。产品线开发不断服务于客户项目。

示例 21

"产品线和客户项目"规划的联系

当前日期：30.07.16

产品线产品 项目 的功能	客户项目1				客户项目2			
	样品 A 22.03.16	样品 B1 01.06.16	样品 B2 01.09.16	...	样品 A 15.04.16	样品 B 13.07.16	样品 C 14.11.16	...
拉合辅助	–	CR#100, CR#101	–		–	CR#100, CR#101	–	
锁紧 控制	–	CR#114			–			
防夹保护 范围1	–	–	×		–	×		
防夹保护 范围2	–	–	–	...	–	–	×	...
...		...	...	...		...	...	...

图 6-15　以虚构的自动后舱盖为例，对产品线项目功能开发与客户项目发布使用之间的联系进行概述。在实践中，这样的表格是由工具支持生成的（另见 4.2.2 小节附注 5 和附注 7）

■ 图 6-15 中的"x"表示客户项目希望在相应时间集成未来产品线的某项功能，该功能目前尚未实现。在这种情况下，产品线项目必须知晓客户项目的这些节点日期（如集成时间），以便能够确定该功能的最早必要节点日期。产品线项目需向客户项目建议功能的范围。比如范围 1 的防夹保护，不包括对其故障的诊断（如通过校验和对防夹保护区域的应用参数进行保护），这些只包括在范围 2 中。

■ 图 6-15 引用了变更请求。这些变更请求遵循附注 7（4.2.2 小节）的概念，并在创建后立即输入。"x"是注明某样品中必要的功能。在产品线项目中，通过这些变更请求监控研发工作（同 SWE.3 中概述的标准软件组件开发，见 5.6.1 小节）。一旦变更请求被延迟，受影响的客户项目就会自动提前获知，从而可以与客户协商新的节点日期，或者与自己的部门管理层讨论资源调配。

用功能一词代替例如软件组件 xy 很重要，因为客户项目不应该也不想详细了解产品线项目的文档和产品结构。虽然产品线的目的是为了在后期制定一个精确的、标准化的产品文档结构（见 2.1 节），但由于产品线项目才刚刚开始，而客户项目基本上是内部客户，所以在透明公开的服务范围内来考虑就够了。

以上这些是多项目管理的内容。项目经理在创建新的产品线、新的开发和实施变更请求方面的使用案例必须定义如何完成这样的多项目管理！

6.1.4 GP 3.1.5、GP 3.2.6——确定标准的有效性和适宜性

Automotive SPICE 引文［ASPICE3］：

"GP 3.1.5 确定合适的方法和措施来监控标准流程的有效性和适用性。

确定监控过程的有效性和适用性的准则和需要收集的数据。

确认实施内部审核和管理评审的需要。

流程变更得到实施，以维护标准流程。"

"GP 3.2.6 收集并分析流程实施的数据以证明其适用性和有效性。

收集并分析数据和信息，理解已定义过程的行为、适用性和有效性。

使用分析的结果来识别在哪里可进行标准和/或已定义过程的持续改进。

注1：关于流程实施的数据可以是定性的或定量的。"

评估人员须知 51

GP 3.1.5 有关流程改进

一种常见的解释是，GP 3.1.5 不涉及流程改进，只涉及监控流程的有效性和适宜性。原因是 GP 3.1.5 的文本中只使用了监控一词。

而实际上由于

■ GP 3.1.5 实际上也讲到"进行流程变更以维护标准流程"，这指出了流程的改进。

■ GP 3.1.5 是其对应项 GP 3.2.6 的方法论基础，而 GP 3.2.6 又明确地谈到了改进问题（"运用分析结果确定在哪些方面可以对标准程序进行持续改进"）。

■ 而将 CL3 的指标拆分为两个流程属性，只是一种结构上的划分，因此 CL3 作为一个整体的性质，即学习和改进控制回路的性质，只能由 PA3.1 和 PA3.2 一起来定义。

所以在 GP 3.1.5 中我就已经谈了流程改进，这样更简单明了。

首先要说明一个经常出现的误区。在阅读英文原文"Appropriate criteria and data needed…（需要适当的标准和数据）"时，从数据（data）一词得出结论，对流程有效的批评只应是定量的。但定量的信息只是这个词的英文含义之一，实际上这个词的含义更广泛。对流程的定性和定量批评一样受到欢迎。在实践中，提出改进模板或新方法的建议后，他们证明该改进使一切变得更快或更经济的话，不会被拒绝。因此：定量的批评是有用的，非常欢迎，但不是必需的。这一点在 Automotive SPICE v3.0 中已经通过 GP 3.1.5 的注 1 明确说明了，但在 Automotive SPICE v2.5 中还没有。

评估人员须知 52

GP 3.1.5 和 CL4

合适流程的信息也可以是定量的，这与 CL4 并不矛盾，也没有冲突。我们已经从 CL4 的概述中了解到以下内容（见 3.3.5 小节）：

■ 在 CL4 中，度量来源于公司整体或部分的业务目标。GP 3.1.5 与业务目标无关。

■ 在 CL4 中，随着时间的推移记录定量信息来分析。GP 3.1.5 不是这样。

■ CL4 是在分析评价数值历史的基础上，为未来做出决策。而 GP 3.1.5 并不涉及可预测性，而仅仅是改善标准流程的内容。

流程说明是社交网络概念下的互动反应系统

流程说明是可电子导航的知识系统。充分利用这点，选择一个流程工具来获得读者和用户对流程的批评，同时它也是一个内容管理系统（如类似于维基导向的原则）。这样一来，读者可以随时发表评论。编辑对读者评论进行回复，读者就可以获悉（甚至可能通过自动通知）他的评论是否被采纳。一旦被采纳，读者会为自己做出的贡献感到自豪。反之，当他知道自己的批评为什么不能被接受时，也会学到一些东西。其他读者也可以关注到这些信息交流。这比传统的将变更请求（CR）与流程说明的版本相对照的做法更有利、更有效，当然，后者仍然是组织用户反馈的有效手段。

不同的读者有不同的兴趣和角色，自然会对不同的用例或某些流程要素感兴趣，所以应该让读者能够分别订阅，以便自动通知他们修改内容。例如，可以通过电子邮件被动地进行，也可以通过网络订阅源馈送（Web Feed）主动地进行。此外，根据社交网络和知识管理学科的方法，流程编辑应选择有经验的流程用户提供特别支持，例如通过电话或文字聊天。新闻组和论坛可以作为流程描述的补充手段。

注意：这并不能取代新用例版本的推出！当流程编辑激活此版本时，会发送修订后的流程元素的通知。同样，自动通知也不能取代对流程用户的培训，因为标准流程本身不是培训材料（见上文）。

还应该考虑是否类似于商业提案，也对标准流程的评论进行奖励。根据企业文化的不同，也可以在企业内部网上显示本月的改进建议。

所有这些都使得对标准流程的反馈更有吸引力，并明确每个人都为企业知识做出了贡献。不要忘了：流程标准化是活生生的知识管理！

附注 22

谁创建和维护标准流程？

本书不涉及流程变革管理学科，也不涉及全组织流程改进项目的方法论。不过，这里还是有几个提示：

1）创建和维护标准流程就是知识管理。知识管理需要时间。因此，它需要新的责任和权限。

2）有可能为此成立一个部门，或者把这一额外任务交给公司的开发人员、项目经理、质保人员等。

3）在这两种情况下，作为上级公司管理层的代表，必须做到：

■ 任命有成功完成项目的有经验的员工。尽管这些人"处处都需要"，但如果不想"建造象牙塔（空洞的流程说明）"，而是想提供真正实用、务实的知识，避免系统性的产品缺陷，绝对有必要让这些有经验的员工参与流程定义。

■ 必须表明想要标准流程并积极支持这些流程。如果不是这样，员工就会注意到这一点，标准化带来的收益就无法实现。一场负面体验的漩涡开始了，流程标准化的构想破灭以及让流程评估模型无辜受怨。

4）流程用户是流程内容的基础来源，流程用户的加入是成功的最重要因素。请有经验、能提供建设性意见的佼佼者参与其中。

5）如果决定成立一个部门开发标准流程，不要强行大幅度改组，即所有流程用户临时抽调到这个部门。要接受人们有不同的兴趣和才能。因为如果一个有经验的、能拿主意的实干家对维护标准流程说明不感兴趣，他就不会为提高流程说明的质量积极努力。

6）知识是一种产品！因此，标准流程的开发和维护必须遵循与技术产品研发相同的条例：共同开发内容、流程要素的版本化、基线化、通过在有代表性的项目中进行试点进行测试、发布流程版本，并通过培训和为项目提供支持进行推广。

7）作为领导者，千万不要把能力水平的实现作为员工个人的、与工资奖金相关的指标。CL 的实现是一个靠很多人共同肩负的战略目标，所以它本身不能靠个人来保证，不能成为员工个人的目标。内部或外部评估所产生的具体任务可以是员工个人的目标。

确定流程适宜性的其他方法

单独或组合使用以下的方法：

■ 通过评估工作的状态来评估流程的合规性

请记住附注 7（4.2.2 小节），关于利用配置元素的状态及相关变更需求和整个基线进行项目监控。随着时间积累总结不同项目中出现的典型情况：比如哪些工作产品通常没有创建或创建得很晚？通过这些信息可更好了解标准流程遵守的情况，准确判断它的适用性和吸引力（图 6-16）。

■ **内部流程评估**

如果有自己的合格的评估人员，可以进行内部 Automotive SPICE 评估。上面提到的准自动流程评估将帮助选择评估项目。

一定要选择有代表性的项目，因为每个项目都看，既难以安排也不经济。但要确保既要选择那些即使不进行上述准自动流程评估也能确定能按标准成功运行的项目，又要选择那些可以确定不会成功运行的项目。只有这样，才能真正了解标准流程的现实执行。

在内部考核时与开发人员保持密切联系，声明自己是用户的代言人，明确表达希望他们公开批评标准流程。避免在标准流程的实践中，员工感到自己不被重视的现象。在大公司中，这一现象尤其严重。

项目××× 开始 结束	系统 <样品1> <日期> <日期>	硬件 <样品2> <日期> <日期>	软件 <样品1> <日期> <日期>	软件 <样品2> <日期> <日期>	软件 <样品3> <日期> <日期>
1.项目管理					
项目计划					
项目时间表					
2.系统					
2.1系统需求分析					
系统需求规范(SRS)					
危害和风险分析					
2.2系统设计					
机电系统需求规范					
系统FMEA					
3.硬件					
电路图(schematic)					
错误树					
FMEDA					
最坏案例分析					
布局(layout)					
软硬件接口					
4.软件					
软件设计描述(SWDD)					
MISRA合规和偏差报告					
带代码基线					
4.集成测试					
4.1软件-硬件					
硬件软件测试说明					
硬件软件接口测试报告					
4.2软件-软件					
软件软件测试说明					
软件软件测试报告					
2.4系统测试					
机电系统规范测试说明(SRS TD)					
机电系统规范测试报告(SRS TR)					
产品发布V0, 1, 2					
SRS TD(EMC)					
SRS TR(EMC)					
SRS TR(环境兼容性)					
SRS TD(环境兼容性)					
安全案例(safety case)					

图 6-16　摘自［Metz 12］，按照标准流程跟踪工作产品生成的自动报各。坐标纵向是工作产品，坐标横向交付状态日期：浅灰色 = 工作产品在预定时间完全存在，中灰色 = 在预定时间不完整，深灰色 = 在预定时间不存在。这不仅是标准流程合规性监控的一部分，也是项目经理记录工作进度的方式

183

■ 外部流程评估

与内部流程评估相比，外部流程评估的优势是中立的批评。因为内部评估者，总会有一定程度的企业盲点。但另一方面，外部评审员没有相应的产品知识，这在抽样评估时，例如在评估要求的精确性时，会有障碍。

■ 经验教训

在一个项目结束时，召集项目相关人员，自由讨论做得好和不足的地方，找出可以改进的地方。讨论内容必须明确包括标准流程和选定的剪裁（见上文）。流程用户不单向标准流程编辑或标准流程责任人反馈意见，也给公司的工具管理员提供使用经验反馈！

■ 指导经验

指导（见 4.1.2 小节示例 9）是使人们能够胜任其角色的一种方法。导师对实际执行活动实时提供反馈，这是极其宝贵的。

评估人员须知 53

GP 3.2.6：获得流程批评和 SUP.1

监测标准流程的遵守情况并搜集对流程的批评，意味着流程质量的保证，这也是 SUP.1 的 BP 3 所强调的。

开放的交流文化

以上机制都是辅助手段，帮助搜集对流程的批评。但是，这不应该掩盖这样一个事实，即标准流程是关于所有项目如何进行的共同协议。换句话说，它将实现（工作流程）知识的共享。这些知识的维护和进一步发展必须得到员工的支持，它需要一种沟通文化。以下两种方式可以方便沟通：

■ 比如使流程编辑或流程管理者与流程用户之间在工作空间上接近。

■ 或让流程用户兼职或在有限时段内成为流程编辑或流程经理。

管理评审

GP 3.1.5 提到管理评审的必要性。因此，这常常被视为和被描述为获取标准流程适用性信息的一种手段。但事实上，直线管理部门无法做到这一点，因为它并没有在操作上执行这些流程。例如，它虽然参与工作量估算，为项目提供人力资源，或作为项目管理委员会的参与者，但对于产品开发细节中所有整体性的规则、方法、程序、模板等的改进建议和反馈，只能来自于实际执行流程的开发人员。因此，管理评审不是评估标准流程是否合适的方法。

但是，上级管理部门将而且必须做的是，积极要求建立和遵守标准流程，积极要求建立产品线和基于模块的方法，并给予必要的资源（管理承诺）使之成为可能。如果没有积极的要求和配套的支持，在日常业务的操作压力大的情况下，流程的可持续性会瓦解崩溃（关键词：身先士卒）。企业的流程成功的保证是管理层积极要求和支持，员工一起担负的集体责任！

既然这是管理的任务，那么它也有权利，也必须有兴趣来了解流程的成功。这就向基层不断地传达了一个信息，那就是管理部门对达到流程水平和开放文化是严肃认真的。对管理部门来说，重要的不是流程是否合适的细节，而是：

■ 认识到流程改进的成功经验，从而了解到：实现流程成熟不是一个学术性的副产品。

■ 以及认识到不能遵守流程而出现的问题中，对下级不能解决的问题，排除阻力，解决这些问题。

因此，应这样理解管理评审，要能为管理层定期地提供有意义的汇总信息（见上文），包括：

■ 外部评估。

■ 内部评估。

■ 通过评估工作产品的状态检查流程的合规性和流程改进项目的状况。

以上信息流可以通过以下方式实现：

■ 典型方式，比如，每季度出席部门和分部经理的会议。

■ 质量门中的查询。由于遵守流程可以减少系统性错误，因此流程的合规性也应成为项目进展的判断依据。

■ 并定期发送电子版流程合规考评表（Cockpit - Charts）。

6.1.5　GP 3.2.2、GP 3.2.3、GP 3.2.4——确保所选人员应具备的必要能力

Automotive SPICE 引文［ASPICE3］：

"GP 3.2.2：分配和沟通已定义流程执行时的角色、职责和权限。

指派和沟通已定义流程执行时的角色。

指定和沟通已定义流程执行时的职责和权限。"

"GP 3.2.3：确保已定义流程执行时必需的能力。

查明所指派人员应具备的适当能力。

确保指派执行已定义流程的人员得到合适的培训。"

"GP 3.2.4 提供资源和信息以支持已定义流程的执行。

提供、分配和使用所需人力资源。

提供、分配和使用流程执行时所需的信息。"

附注 23

GP 3.2.3 用到的 Training 这个词

Automotive SPICE 在 GP 3.2.3 中用了英文原词"培训"（training）。在德语中，这个词经常被误解为甚至等同于（正面）训练方法。

但在英文中，这个词并不意味着对任何方法的任何限制。它的实际意义最接近德语的水平训练（Ertüchtigung）或资格培训（Qualifikation）。因此，作者在这里用的是后一种说法"资格培训"。

在三个 GP 中，都谈到了人力资源，但是每一个都涉及不同的方面。但如果我们按照以下的理解，这种修辞上的区别就没有任何实际意义：那些员工是被选拔出来的，他们拥有必要的技能，可以承担相应的角色。如果没有合适的合格员工，那么

■ 他们就必须接受相关资格培训（资格培训的途径和方法参看 4.1.2 小节示例 9）。

■ 或外聘。这些人又可以作为内部员工的导师（见 4.1.2 小节示例 9）。

6.1.6　GP 3.2.5——确保使用所有必要的基础设施

Automotive SPICE 引文［ASPICE3］：

"GP 3.2.5：提供适当的流程基础设施，以支持已定流程的执行。所需的基础设施和工作环境已经配备。组织对基础设施和工作环境进行有效管理和维护提供支持。基础设施和工作环境得到使用和维护。"

资源包括预算、工作人员、软件工具和基础设施（见 4.1.2 小节）。由于所有人力资源方面的问题都在 GP 3.2.2、GP 3.2.3 和 GP 3.2.4 中进行处理，留给 GP 3.2.5 的任务是提供工作环境、基础设施和软件工具以及预算。此外，应公布所有必要的升级途径，以及根据需要建立技术保障。

但是，还有另一种观点，即"收获工作成果"的观点［Metz 09］：其他项目或以前项目的工作成果可以重复使用或再利用。这主要适用于产品开发接管项目的场合。另一种主要场合是产品线的应用，那里无论如何都要进行重用。所以，出于质量和效率的考虑，应该推动"收获工作成果"。

评估人员须知 54

工作成果收获和 REU.2

提到继续使用和重复使用以前项目的工作成果，是对 REU.2 重复使用程序管理这一流程的贡献，即：

■ BP 2 "……识别系统及其组件相似特性，考虑重用结果的可能。"

■ BP 3 "……调查每一专业领域, 了解可重复使用的部件和产品的潜在用途和应用。"

但要注意的是, 工作成果的再利用实际上只是 REU. 2 的部分贡献, 并不代表它的全部, 因为这一流程要求在组织一级制度化的系统战略。

对于标准流程中提到的软件工具和基础设施, 它们将由公司的管理员(如 IT 部门)进行统一管理［Metz 09］。这一点尤其重要, 因为:

■ 必须提供足够的许可证。

■ 必须创建用户及其相应权利(另见 6.1.1 小节和图 6-11)。

■ 必须建立存储库。

■ 由于流程定制和流程改进, 必须启动软件工具的定制(定制或脚本)。

在这方面, 评估人员须知 28 (5.1.1 小节) 也适用于 CL3。

6.2　从能力级别 3 级的角度出发的评估帮助

下文从 CL3 的某一特定 GP 的角度出发, 与所示流程中的特定 BP 进行一般性对比, 提出一致性警示(K)、减分原因(AG)和不减分原因(NAG)。这些规则包括［intacsPA］中的规则, 但又不限定在这些规则范围内。

表 6-1 概述了这一情况。

表 6-1　CL3 的 GP 和其他流程的 CL1 的关系

→	MAN. 3	SUP. 1	SUP. 8	SUP. 9	SUP. 10	CL1 作为基本规则	CL2 作为基本规则
GP 3.1.1							
GP 3.1.2							
GP 3.1.3						减分原因	
GP 3.1.4							
GP 3.1.5		一致性警示					
GP 3.1.6							
GP 3.2.1							
GP 3.2.2							
GP 3.2.3	一致性警示						
GP 3.2.4							
GP 3.2.5							
GP 3.2.6		一致性警示					

6.2.1 能力级别 3 级和其他流程的能力级别 1 级之间

本节从每个 GP 3.x.y 的角度给评估人员提供一致性警示（K）、减分理由（AG）和不减分原因（NAG）（它们的区别已在第 1 章中解释过）。它们通过显示哪些流程中哪些 GP 的弱点会对其他流程的哪些 BP 产生负面影响，反之亦然，以此帮助评估。

减分原因 33

PA 3.1 没有标准化 CL1 的所有目标

为了完整起见：PA 3.1 不仅要使 CL2 有关目标标准化（见 6.2.2 小节减分原因 34），而且要一切 CL1 有关目标标准化。

一致性警示 12

GP 3.1.5 对比 SUP.1 的 BP 1"质量保证策略"

如果所有其他流程的 GP 3.1.5 的平均评估为 L 或 F，则检查 SUP.1 的 BP 1 是否可以评估为 N。

但请注意，确定标准流程适用性的方法只是质量保证策略的一部分（参见 4.3.1.9 小节一致性警示 7）。注：质保策略还包括更多的内容，如确保客观性和如何实现工作产品的质量保证。

一致性警示 13

GP 3.2.3"确保必要的能力"对比 MAN.3 的 BP 6"确保必要的技能，知识和能力"

假设减分原因 33 没有出现，检查 MAN.3 的 BP 6 的实际评分是否可以不同于（即高于或低于）所有其他流程的 GP 3.2.3 的平均评分。

如果是，必须是以下两个结论之一：

■ 虽说完全没有遵守标准流程，但该项目仍达到 MAN.3 的 BP 6 的要求→降低 GP 3.2.3 的评分。

■ 实际遵守了标准流程。如果是这样的话，降低 MAN.3 的 BP 6 的评分，就会出现矛盾→调整 MAN.3 的 BP 6 的评分。

一致性警示 14

GP 3.2.6 对比 SUP.1 的 BP 3 "流程质量保证的保证"

假设既没有发生减分原因 33 所述情况，也没有出现减分原因 34 中的情况（6.2.2 小节），请检查 SUP.1 的 BP 3 的实际评分是否能与所有其他流程的 BP 3.2.6 的平均评分不同（即高或低）。

如果是，必须是以下两个结论之一：

■ 虽说完全没有达到标准流程，但该项目仍然满足 SUP.1 的 BP 3 的性能→降低对 GP 3.2.6 的评分。

■ 确实遵守了标准流程。在这种情况下，如果 SUP.1 的 BP 3 的评分较低，就会产生矛盾→调整 SUP.1 的 BP 3 的评分。

6.2.2　能力级别 3 级和能力级别 2 级之间

本节从每个 GP 3.x.y 的角度给评估员提供一致性警示（K）、减分理由（AG）和不减分原因（NAG）（它们的区别已在第 1 章中解释过）。它们通过显示 CL3 的某一个 GP 的哪些弱点对 CL2 的哪些 GP 会产生负面影响，反之亦然，以此帮助评估。

减分原因 34

没有标准化 CL2 的所有目标

PA 3.1 不仅必须使所有 CL1 的性能标准化，而且必须包括所有 CL2 的性能。虽然 GP 3.1.2、GP 3.1.3 和 GP 3.1.4 自动涵盖 GP 2.1.7（利益相关方管理）、GP 2.1.5（职责和职权）和 GP 2.1.6（资源），但在标准流程定义中可能忘记了以下内容：

■ 需要遵守哪些流程目标（实施目标）。

■ 如何进行规划和监测（GP 2.1.2，GP 2.1.3）。

■ 怎样检查工作产品（GP 2.2.4）。

■ 如何处理工作产品（GP 2.2.2）。

一致性警示 15

PA 3.2 评分高，但是 PA 2.1 和 PA 2.2 评分低

假设减分原因 34 中的情况可以避免，请检查你是否对 PA 3.2 的评分较高，但对 PA 2.1 和 PA 2.2 的评分较低。如果是，必属于以下情况之一：

■ 实际遵循了标准流程。如果是这样，CL2 的评分较低，就是一个矛盾→调整 PA2.1 和 PA2.2 的评分。

■ 完全没有按照标准流程进行，但项目仍满足了 PA2.1 和 PA2.2 的性能→下调对 PA3.2 的评分。

6.2.3 能力级别 3 级之内

本节从每个 GP 3.x.y 的角度给评估员提供一致性警示（K）、减分理由（AG）和不减分原因（NAG）（它们的区别已在第 1 章中解释过）。它们的目的是为 GP 的评估提供帮助，但也表明同一流程中各 GP 之间的关系。

减分原因 35

PA 3.1：标准流程说明不精确

如果文件化的标准流程，无论内容完整还是不完整，如果出现以下情况，PA 3.1 的评分不得高于 P：

■ 没有使用该组织的具体术语和概念，但只重述 Automotive SPICE、ISO、IEC、IEEE 等的活动和工作产品名称。

■ 或者由于缺乏细节，只能通过大量的解释才能在实践中具体应用。而由于解释总是主观的，这就大大破坏了标准化的本意，没有达到真正为流程使用者提供直接的工作指导的目的。

之所以这样评分，是因为 GP 3.1.1 通过定义标准流程，支持使用已定义的流程，并不是问是否存在任何标准流程，而是问它是否具有能够在项目中直接应用和操作的特性。

一致性警示 16

PA 3.2 取决于 PA 3.1

PA 3.2 作为 PA 3.1 的对应物，旨在执行 PA 3.1 所定义的内容。假设你对 PA 3.1 的评分是 P 或 L，这也将反应在 PA 3.2 中。对 PA 3.2，当下有两种评分理念：

■ PA 3.2 ≤ PA 3.1

传达了只能遵守 PA 3.1 所定义的标准这一信息。这一理念也出现在 intacs™ 认证的预评估员（provisional assessor）的国际培训资料里。

■ PA 3.2 ＜ PA 3.1

传达了这样一个信息，即标准中定义的都要遵守，不管范围多大。

在评估报告和评估结果展示中，明确记录运用了以上两种理念中的哪一种！

不减分原因 14

GP 3.2.6：由于标准流程实施时间短还没有反馈

一个标准流程必须在足够长的时间内处于活跃状态，否则无法反馈流程是否合适。

询问流程的使用时间。如果由于标准流程只使用了很短的时间而无法得到这种反馈意见，则不能对 GP 3.2.6 减分。相反，在与评估委托人协商后，从评估范围中删除该流程的 CL3。

不减分原因 15

GP 3.2.6：上一个反馈在很久以前

如果发现最后一个反馈的证据是很久以前提交的，而且此后没有收到任何反馈，请质疑并确定到底是以下哪种原因：

■ 标准已经足够成熟，并被人们接受并遵守，GP3.2.6 将以 F 来评分。

■ 未能提供反馈意味着反馈回路不再存在（这意味着标准流程被遗忘），这必须通过 GP 3.2.1～GP 3.2.5 来观察。

减分原因 36

PA 3.1：标准流程存在，但是不为人知

如果认为 PA3.1 应该评为 F，但 PA3.2 应该评为 N，因为项目没有意识到这个标准（不管什么原因），那么不要把 PA3.1 评为 F，而是也要评为 N 或 P。

原因是 GP 3.1.1 不仅是定义一个标准流程，而且包括支持使用一个定义的流程。它并不是问是否存在任何标准流程，而是问它是否具有使其在项目中直接使用和操作的属性。但如果项目组不知道标准流程，那 GP 3.1.1 的属性就没有实现。

另见"评估人员须知 42"（第 6 章），评估单一项目标准流程遵守的情况意味着什么。

不减分原因 16

PA 3.1：没有成文记录的标准流程

如果标准程序没有记录在案，如果能充分证明 CL3 的所有目标都已实现（无论多么现实），就不得降低对 PA 3.1 和 PA 3.2 的评分。如果无法证明这点，那么必须减分。但是，如果没有充分的评估依据，就不能因为没有文件而笼统地减分，因为作为评估者，必须在评估中搜集到 CL3 目标的实现与否的实际证据。关于通过访谈达到这一目的的讨论，参见评估人员须知 48（6.1.1 小节）。

第7章　能力级别1级的评估帮助

本书的目的是重点讨论能力级别2和3，除此之外，本章还为能力级别1级（CL1）以上的流程和CL1以内的流程提供了额外的评估帮助。这里也给出了减分原因、不减分原因以及一致性警示，它们的区别在第1章中解释过。从［VDA_BG］引用的评估帮助在本书中进行了标注。

以下内容很重要，它有利于理解为什么本章大部分内容与［VDA_BG］在有关减分理由方面是一致的：例如，假设SYS.2中的系统要求不完整或不充分，因此以P或L对BP 1评分。对于以下提到的BP的评估，有两种评估理念：

■ 后续 BP ≤ BP 1

它强调的是，只有首先完成内容上所要求的，才能进一步对它结构化、做出评价和进一步处理。

■ 后续 BP ≥ BP 1

它主张BP1在结构化、评价和进一步处理上的贡献应让位于对效果的注重。它强调的是BP1之后要做的结构化，分析评价和处理。

在［VDA_BG］中，只用了第一种评估理念，出于一致性的考虑，这里也遵循了这一原则。

7.1　流程的能力级别1级评价不依赖于"先前流程"的评价

案例场景

假设PA 1.1的需求流程被评为N或P，因为需求不完整。让我们继续假设，测试流程完整地处理了这一不完整的需求流程的输出。

推断

人们可能会推断，后续对先前有很强的依赖性，因此测试流程也只能是N或P，因为显而易见：由于输入已经不完整了，所以无法按规定全都测试。

需求流程与架构/设计流程也是如此。

问题

这种处理方法将导致所有其他流程也评为 CL0（process flatlining），包括 SUP 流程，因为在配置管理下，变更需求设置也不全。

如果说由于最终产品的内容不完整，所有流程都无法实现其目标。这意味着 Automotive SPICE 被错误地误解为产品评价，或者至少被误解为流程渗透性评价，但是 SPICE 模型不是这么定义的。

正确的理解是：

a）SPICE 模型是根据 ISO/IEC 15504 和 ISO/EC 330xx 定义的，作为流程的测量工具。

b）该测量工具是专门为以能力级别的形式对流程能力进行评估而设计的。

c）能力级别是对一个流程的评价，即独立于其他流程。

d）从阶段模型中抽象出 SPICE 模型（参见 3.2 节和 MAN.3 的 BP 2）。

e）可以对 n 个流程，也可以只对一个流程进行评估（例如仅对测试流程）。

f）如果 PA 1.1 的评分不是 F，则必须列出缺陷并说明哪个结果以及指标没有达到要求。

这样得到的流程能力概览的目的和优点是，可以分别对每个流程内容和方法的效果给予评估说明。

对评估员意味着什么

根据以上各点从 a）到 f），对于每个流程有必要分别进行评估：

■ 相关方法是否合适（例如：测试策略是否适用于项目背景？）。

■ 根据测量到的实际输入数量，而不是根据应该达到的输入数量，判断流程的结果是否完整（比如，尽管需要提交测试的需求总共是 1500 个，实际提交测试的输入需求是 500 个，测试流程正确地测试了其中的 90%）。但是，这个输入量必须足够高，才能评估使用方法的有效性（如果实际测试的需求输入只有两个，怎么可能评估测试流程呢？）。

上述例子意味着：

从结果来看，测试流程完美无缺。"实际测试的需求输入数量相对于最终产品需求输入数量来说太少，不能给测试流程评分 F"，这一观点不能作为评估的基础，它在形式上也不正确，因为从测试流程输出来看，测试数量少不是测试流程本身的缺陷。

以满足局部评估的最低输入数量为由，做以下手脚也是无用的：

a）使评估范围尽量小，例如 10 个系统功能在评估中只考虑 3 个（因为到目前为止，只有这些功能已经测试过）。

　　b）所有 7 个还未测试的功能需求"在评估员到达之前赶快删除"。

　　如果局部最小数量确实太少，则无法对该流程进行评估，评估员应通知评估委托人将其排除在评估范围之外。这一行动是正确的，它保证了对后续流程局部输入的正确性〔Dorneschiff & Metz 15〕，〔Hamann&Metz 15〕。

不再可能做产品结论了吗？

　　通过考虑流程能力概览，可以得出包括对整个产品的进一步结论。这些结论可能是产品发布放行决定等方面的重要指示，但它们与流程能力概览不同。因为我们所举示例的流程能力概览提供的是以下信息：

■ 需求流程未达到内容目标。（SYS. 2 = P）

■ 以方法论，测试能力达标。（SYS. 5 = F）

　　由此进一步的结论是：

■ 整体产品的内容不达标。

　　由于对流程扁平化的误解，有关方法绩效的第二个信息将丢失。然而，这一信息对于该流程的进一步发展至关重要。流程扁平化限制了评估结果对被评估者的附加值。

　　还可参考 3.4.3 小节页下注的相关讨论。

7.2　SYS. 2、SWE. 1——系统和软件层面需求分析

减分原因 37

　　BP 在内容上互相依赖

　　对于 BP1，发现需求没有得到充分描述或不完整。由于所有后续 BP 都取决于 BP1 的内容，因此这些 BP 的评分不要高于 BP1。

7.3　SYS. 3、SWE. 2——系统和软件层面的架构

减分原因 38

　　BP 在内容上互相依赖

对于 BP1，发现架构没有得到充分描述或不完整。由于所有后续 BP 都取决于 BP1 的内容（动态特性和接口定义也基于静态架构），因此这些 BP 的评分不要高于 BP1。

7.4 SYS.3、SWE.2——软件详细设计和编码

减分原因 39

BP 在内容上互相依赖

对于 BP1，发现详细设计没有得到充分描述或不完整。由于所有后续 BP 都取决于 BP1 的内容（动态特性和接口定义也基于静态详细设计），因此这些 BP 的评分不要高于 BP1。

7.5 BP 策略（SWE.4、SWE.5、SWE.6、SYS.4、SYS.5、SUP.1、SUP.8、SUP.9、SUP.10）

不减分原因 17

无一般性始终记录策略的要求

策略意味着参与这一流程的人员已经主动权衡利弊达成约定，如何合作以实现该流程结果。

该实现过程旨在向评估员证明其执行了并有效。

在某些情况下，这可能意味着，这一策略不必写下来以证明它的执行和有效。在此，关键是要证明有关约定是存在的、得到遵守并取得有效结果。这与文档化是不同的概念，因为文档化本身并不能保证上述期望值。在某些情况下（例如非常小、局部的、无分布式的或非常短的项目），这可能意味着口头约定足以满足上述期望。

还可参考 4.1.4 小节评估人员须知 10 和 4.3.2.5 小节不减分原因 7。

不减分原因 18

减分的策略不一定导致整个流程减分

在策略中，BP1 构成了自 BP2 的所有后续 BP 的基础。尽管如此，你不应该立即对整个流程减分，即使你对 BP1 策略的批评是正确的。原因：自 BP2 之后的 BP 可以由开发人员主动完成，与 BP1 策略规定的不同，但做得很好。所以，后续 BP ≤ BP1 不一定适用。在这种情况下，在 CL1 上可以用 L 评价该流程。

7.6　SWE.4——软件单元验证

在此参考 7.5 节不减分原因 17 和 18。

减分原因 40

BP 在内容上互相依赖

对于 BP2，发现验证标准没有得到充分描述或不完整。由于所有后续 BP 都取决于 BP2 的内容，因此这些 BP 的评分不要高于 BP2。

7.7　SYS.4、SWE.5——系统和软件层面上的集成测试

在此参考 7.5 节不减分原因 17 和 18。

减分原因 41

BP 在内容上互相依赖

对于 BP3，测试案例数量不合理或不完整。由于所有后续 BP 都取决于 BP2 及 BP3，因此这些 BP 的评分不要高于 BP2 及 BP3。

同样原则适用于对 BP1 有依赖的 BP4。

7.8　SYS.5、SWE.6——系统和软件测试

在此参考 7.5 节不减分原因 17 和 18。

减分原因 42

BP 在内容上互相依赖

对于 BP2，测试案例数量不合理或不完整。由于所有后续 BP 都取决于 BP2 的内容，因此这些 BP 的评分不要高于 BP2。

同样原则适用于对 BP1 有依赖的 BP4。

7.9　MAN. 3——项目管理

一致性警示 17

BP4 针对……的"项目活动的控制"

■ ……**BP2 项目生命周期**

检查活动或工作分解结构的评分是否高于所选的项目生命周期，因为活动必须始终嵌入其中。

■ …… **所有其他测试和支持流程的有关策略的 BP**

检查对 MAN. 3 的 BP4 项目活动的评分是否可以高于支持流程和测试流程策略的平均分。虽然策略比个体的、有针对性的活动的定义更抽象，但不充分的策略很可能会遗忘必需的活动。

一致性警示 18

BP5 针对……的"估算和资源的控制"

■ ……**BP3 可行性检查**

由于所做的估算以可行性为基础是有意义的，因此检查可行性的评价是否可以高于估算的质量和完整性。

事实上，对可行性的评价可以更高，因为 Automotive SPICE 认为在项目开始时要进行可行性研究。但在项目过程中要重复估算［VDA_BG］。

■ ……**MAN. 5 的 PA 1. 1 风险管理［VDA_BG］**

由于 MAN. 3 的 BP5 与项目风险有关系，请检查此处的评价是否可以高于整个 MAN. 5 流程的评价。这是可能的，因为 MAN. 3 BP5 不仅基于项目风险，还基于项目目标。

一致性警示 19

BP8 针对……的"计划时间的控制"

■　……**BP4** 控制项目活动

检查计划时间表是否可以高于项目活动定义的质量和完整性，因为计划时间表正是基于此，但也取决于相关计划时间表所针对的项目层面。

减分原因 43

BP9 针对……的"所有控制的一致性"

■　……**MAN. 3** 的所有计划监控原则 **BP**

如果这些 BP 有不同的评价（即有些只是计划但没有被监控，或者被监控但没有调整），那么所有的信息是否都保持一致性就值得怀疑了。

（注：虽然包含直接描述的任务的 BP9 已经涉及这点，但我认为这个提示还是有帮助的。）

7. 10　ACQ. 4——供应商监控

减分原因 44

BP2 针对……的"所有约定信息的交换"

■　……**BP1** 约定共同流程和接口以及信息流

如果要交换的信息没有明确定义，信息必须通过哪些渠道获得（BP1），那么这些信息很可能得不到有效的交换（BP2）。

减分原因 45

BP3 和 **BP4** 针对……的"供应商开发活动/进度的评审"

■　……BP2 所有约定信息的交换

如果商定的信息没有充分交换，供应商实际上就没有受到监控。

减分原因 46

BP5 针对……的"偏差的调整"

■ ……BP3 和 BP4 评审供应商的开发活动/进度

如果对分包商的监控不够充分，则无法做出所有必要的响应，如合同调整或开发决策。

7.11　SUP. 1——质量保证

在此参考 7.5 节不减分原因 17 和 18。

减分原因 47

BP2 针对……的"质量保证和工作产品"

■ ……SUP. 8 BP8 "检查配置项信息"

对工作产品质量保证（SUP. 1 的 BP2）的理解通常会被忽视。参考 SUP. 8 如下点：

- 基线评审。
- 基线复制检查。
- 检查配置项的检入注释和/或修订历史记录

如果这些在 SUP. 8 下做得不够，则将 SUP. 1 的 BP2 减分。

减分原因 48

BP4 针对……的"总结并报告质量保证结果"

■ ……BP2 和 BP3，流程和工作产品的质量保证

因为只能报告生成的质量保证信息，给 BP4 的评分不要高于 BP2 和 BP3。

减分原因 49

BP5 针对……的"消除质量保证问题点"

■ ……BP2 和 BP3，流程和工作产品的质量保证
因为只能消除已识别的问题点，给 BP5 的评分不要高于 BP2 和 BP3。

一致性警示 20

BP5 针对……的"消除质量保证问题点"

■ ……BP6"向管理层升级"
检查 BP5 的评价是否可以低于 BP6。如果所有发现的问题点升级后，都得到管理层的实际处理，但许多可以在工作层面解决的问题点却被忽视，则属于这样的情况。

一致性警示 21

BP6 针对……的"向管理层升级"

■ ……BP5"消除质量保证问题点"
检查 BP6 的评价是否可以低于 BP5。如果没有发现必须上报的问题点，因为工作层面达成了一致意见，则可能会出现这种情况。在这种情况下，缺乏或不充分的升级机制根本不会造成损害。

7.12　SUP. 8——配置管理

在此参考 7.5 节不减分原因 17 和 18。

减分原因 50

BP2"确定配置项"

以下 BP 取决于配置项列表的完整性，因此评价不能高于 BP2：
■ BP5 修改和发布的控制。

- ■ BP6 建立基线。
- ■ BP7 报告配置项状态。
- ■ BP8 检查配置项元信息。
- ■ BP9 控制配置项和基线的存放和存储。

减分原因 51

BP2 "配置项和基线的存储"

给 BP9 的评价不能高于以下 BP：
- ■ BP2 确定配置项。
- ■ BP6 建立基线。

7.13　SUP. 9——问题解决管理

在此参考 7.5 节不减分原因 17 和 18。

减分原因 52

BP2 "问题的识别和记录"

以下 BP 取决于 BP2 的内容，因此其评分不能高于 BP2：
- ■ BP3 维护问题条目的状态。
- ■ BP4 分析问题的影响和原因。

减分原因 53

BP4 "分析问题的影响和原因"

以下 BP 取决于 BP4 的内容，因此其评分不能高于 BP4：
- ■ BP5 执行应急措施。
- ■ BP6 向利益相关方报警。
- ■ BP7 启动解决问题。

减分原因 54

BP8 针对……的"追踪消除问题直至结案"

■ ……BP3 维护问题条目的状态

因为会根据问题的状态来评估问题解决方案（通常由工具自动执行），而不是重复检查所有问题条目的内容，然后问"它完成了吗？"，所以 BP8 的评分不得高于 BP3。

一致性警示 22

解决问题与提出变更需求的相互影响

某些问题可以通过变更需求解决（见 BP7 启动问题解决方案）。这意味着只有成功实施了解决方案或拒绝了变更需求（SUP.10 的 BP7），才能解决 SUP.9 中的前置问题。

检查 SUP.9 的 BP8 的评分是否可以高于 SUP.10 的 BP7。注：这取决于通过变更需求实际解决了多少问题。

7.14　SUP.10——变更管理

在此参考 4.3.1.3 小节不减分原因 2，7.5 节中的不减分原因 17 和 18。

减分原因 55

BP2"识别变更需求以及立案"

以下 BP 取决于必要的和预期的变更需求是否确实被立案（BP2）。因此，其评分不能高于 BP2：

■ BP3 维护变更需求状态。
■ BP4 分析变更需求。
■ BP5 在处理前，先正式确认变更需求。

减分原因 56

BP6 针对……的"检查处理变更需求的成果"

■ ……BP4 分析变更需求

BP4 中规定了验证实施的标准（例如，用哪些测试或评审来验证）。因此，BP4 的评分不能高于 BP6。这些标准通常隐含在变更需求的内容中。

减分原因 57

BP7 针对……的"追溯变更需求的实现直至结案"

■ ……BP3 维护变更需求状态

因为会根据变更需求的状态来评估变更需求的实现（通常由工具自动执行），而不是反复检查所有的变更需求，然后问"它完成了吗?"。因此，BP7 的评分不能高于 BP3 的评分。

减分原因 58

BP6 针对……的"建立双向追溯"

■ ……BP4 变更需求分析

如果变更需求分析不准确，也不可能确定它们涉及的是哪些工作产品，进而无法产生对它们的可追溯性。因此，不要给 BP6 高于 BP4 的评分。

附　录

附录 A　缩写与释义

AK　工作组。

Arbeitsprodukt（Work Product）　工作产品。汽车行业 Automotive SPICE 的工作产品是以结果为导向，以流程评估模型的方式写成的标准。可用于评估一个流程是否达到其结果，即达到能力级别 1 级。它是对应 BP 的另一种表现方式。

ASIL　汽车安全完整性等级。

Assessmentsponsor　评估委托人。ISO/IEC 15504 和 ISO/IEC 33002 中的技术术语，评估委托人委托相关人员进行评估和接收评估结果。

Baseline　基线。建立基线（也叫冻结）是指标明某些文档/配置元素及其版本，作为一个整体单位。这种标记称为"标签（label）"。这个做标记的行为也叫作标识（tagging）、建立基线（baseline）或贴标签（labeling）。基线一旦被建立，包括其中的文件/配置项在内的所有内容就不能更改。基线用于存储某阶段的信息，后续可以在其基础上进行处理。或将其交给另一方进一步处理/使用。

Baukasten　模块化系统。见第 2 章。

BP（Base Practice）　基础实践。Automotive SPICE 中的基础实践是指基于活动写出的流程评估模型的标准，可用于评估一个流程是否实现了预期结果，也就是，是否达到能力级别 1 级。它是对应 WP 的另一种表现方式（参看工作产品 Work Product）。

Build　代码编译。软件开发中的一个自动过程，通常包括编译源码并将编译后的代码链接到库，生成一个可执行程序。

CAN　控制器局域网络。

Capability‑Profile　能力概览。根据流程属性评分（N、P、L、F），给出所有被评估流程的能力级别。

CCB　变更控制委员会（Change Control Board）。

CI　配置元素（Configuration Item）。

CL 能力级别（Capability Level）。各流程单独的能力级别。

Clock 具有一定时钟频率的时钟信号。它是以振荡器为基础，在电路板上产生。对于微处理器来说，它决定了处理数据的速度。

CMMI® 能力成熟度模型集成®。卡内基梅隆大学软件工程学院的流程评估模型。

Configuration Management 配置管理。产品开发中的配置管理可以简单理解为提供以下功能的文件管理系统：

■ 不仅管理传统意义上的文件，而且管理任何数字工作产品（如源代码要素）或对其进行成组。这两者都称为配置元素。

■ 单个配置元素的锁定（检入/检出），以保证处理的可控性。

■ 对配置项目的信息和状态进行评估。

■ 在配置项上建立基线。

CR 变更需求（Change Request）。

Defined Process 已定义的流程。标准流程不一定在项目中一成不变地使用，允许调整（参见标准流程剪裁）。为此，Automotive SPICE 使用已定义的流程一词，以区别于标准流程一词。

Design Constraint 设计约束（技术设计的限制）。需求规范不得包含任何技术实施方案，即必须不含具体设计（Design Free），完全以黑盒方式给出对产品的期望。这样做的理由是不要过早地考虑解决方案，即不考虑优化的可能性，首先全面正确了解期望。然而，在实践中客户需求规范中常常包含纯需求以外的技术说明。对此，原则上供应商都要提出质疑，只有那些真正必要的技术要求，才可以作为设计约束（Design Constraint）收入到自己的系统需求规范中。

DIA 开发接口协议（Development Agreement Interface）。通常以表格形式定义协议双方，哪方对哪些领域、哪些信息和哪些文件负责，哪方负责实施，实施结果发送给谁，谁有权批准接收。

Document Management 文件管理。电子文件和/或数字或数字化的文件存档。通过文件夹结构，关键字、索引和/或上下文敏感的搜索功能，可以找到并搜索文件的内容。还可以根据内容分配访问权。除此以外，文件管理系统通常还提供文档的版本管理，但与配置管理系统不同，它没有（检入/检出 Check – in/Check – out）时的锁定功能，也不能建立基线。

EMC 电磁兼容性。对一个技术设备的要求，即它对其他设备没有产生电或电磁骚扰。

ESD 静电放电（Electrostatic Discharge）。发生在两个不同的电位之间（电势差）短时间的放电。这些电流脉冲的能量可能损坏电子元件。

Explorative Test 探索性测试。描述了不以某一个规范需求的文档为基础，而是基于测试人员对产品及领域的经验所做的测试。它们是对基于需求的测试的补充，因为需求无法 100% 记录下来。

F（Fully Implemented）　完全达成。流程属性四个评分之一，达成预期性能的 85% ~ 100% 时（ > 85% 而 ≤ 100%），评分为 F。

Fault Injection　故障注入。对测试对象有针对性地注入故障来检查可靠性、鲁棒性或处理错误的能力及其有效性。故障可在试验前或试验中注入。例如，在软件层面可以通过篡改变量内容、寄存器的内容或输入数据来实现；在软件接口层可以通过准备好的参数集，通过任务运行时间的延迟，以及用虚假或压制的总线信息来实现；在硬件层面，可以在电路板上或微控制器引脚上造成短路，或者伪造输入/输出（IO）寄存器的配置来实现。

FEM　有限元法。

FMEA　失效模式和影响分析。

FMEDA　故障模式、影响和诊断分析。

GP（Generic Practice）　通用实践。实现能力级别高于 1 级的流程评估的指标。

HiL　见 HW – in – the – Loop。

HW – in – the – Loop　硬件在环。一种测试电子控制器单元（ECU）或机电一体化组件的方法。传感器和执行器是由模拟模型模拟出来的。这种 HiL 模拟产生传感器数据，并以模拟或者数字信号方式输入到电子控制器单元及机电组件的输入端，同时可以读出输出端信号。

IEC　国际电工委员会。为电气工程和电子领域的建立标准的国际标准化组织。一些标准会与 ISO 一起发布。

Incrementally　增量式。在开发产品、文件、工作产品、流程描述等中，由无到有分步生成，或对已有的分步逐步去除的一个方法，类似建房子。

IO　输入/输出。

ISO　国际标准化组织。国际标准化组织负责标准的国际化，包括制定除电气电子工程（见 IEC）和通信以外的所有领域的标准。

IT　信息技术。某个公司的（通常是中央）部门，负责工作计算机的提供和管理，以及软件的安装和用户支持。

Iterative　迭代式。对已有的产品、文件、工作成果、流程描述的内容等，进行补充和完善，类似石雕。

L（Largely Implemented）　主要达成。流程属性四个评分之一，达成预期性能 50% ~ 85%（ > 50% 而 ≤ 85%）时，评分为 L。

Label　标签。参见基线（Baseline）。

Legacy　遗留。特别是在软件开发中，指先前开发不满足新的质量性能需求源代码或库。如要对其进行更换或修改，经济上投入巨大，因此不做修改集成到新的开发中。

Lessons Learned　经验教训。在项目或者项目阶段结束后，针对专业技术实施、方法、程序和项目管理方面，系统地记录负面经验和解决及防范指南到数据库中。在新项目或项目阶段开始前，复习和借鉴经验教训，避免犯别人已经犯过的错误。

LIN　局域互联网络（Local Interconnect Network）。

MAN　Automotive SPICE 的管理流程。

MCAL　微控制器的抽象层（Microcontroller Abstraction Layer）。

MISRA　汽车行业的 C 语言编程标准，由 MISRA（The Motor Industry Software Reliability Association 汽车工业软件可靠性协会）出品，参见 www. misra. org. uk。

Mission Profile　任务剖面。产品在现实环境中，它受到一定的应力、负荷和承载，如气候条件或机械作用、振动或电场。在产品开发的时候对产品的测试，要尽可能地接近这些实际的工作条件（不同负荷）。这些负荷将在任务剖面中通过强度和持续时间结构化提供。

Model – based Development　基于模型的开发。基于模型的开发是指从图形化或者纯语言的正式模型中直接自动生成出完整的可执行软件代码。这些模型实际上不仅是一个比较抽象的解释源代码功能文档，而且它自带编程语言可进行自动编程。建模语言有很多，根据应用领域和使用目的的不同，比如对比架构设计和控制以及过滤器的建模方面，它们会具有不同的优缺点。

MOST　面向媒体的系统传输（Media Oriented System Transport）。

N（Not Implemented）　未达成。流程属性四个评分之一，达成预期性能的 0% ~ 15%（ >0% 而 ≤15% ）时，评分为 N。

NDA　保密协议（Non – Disclosure Agreement）。

NVRAM　非易失性随机存取存储器（Non – Volatile Random Access Memory）。

OEM　原始设备制造商。在汽车领域，即汽车制造商。

OU　组织单位（Organizational Unit）。

Outcome　参看流程成果（Process Outcome）。

P（Partially Implemented）　部分实现。流程属性四个评分之一，达成预期性能的 15% ~ 50%（ >15% 而 ≤50% ）时，评分为 P。

Process Outcome　流程成果。在 Automotive SPICE 中，一个流程的流程目标（见流程目的 Process Purpose）被细化为子目标，子目标描述了在能力级别 1（CL1）上的一个期望的流程性能。这些被称为成果（Outcome）。通过基本实践（BP）和工作产品来评估是否达到预期成果，参考相应章节。

　　Process Purpose　流程目的。在 Automotive SPICE 中，流程讲的是"什么"层（见3.2节）上的技术主题。它通常是简单一句话，告诉读者该技术主题要达成的目标。

　　Purpose　目的。参见流程目的（Process Purpose）。

　　PA　流程属性（Process Attribute）。能力级别2级到5级（CL2 至 CL5）的技术指标（即通用实践和通用资源）分为两组流程属性。在 Automotive SPICE 中，能力级别1（CL1）的技术标准只有一个流程属性，这个流程属性有一个通用资源和一个通用实践，而通用实践即参看相关流程的成果（Outcome）。只有一个通用实践的原因是因为 ISO/IEC 5504 - 2 和 ISO/IEC 330xx 规定能力级别（CL）至少有一个流程属性（PA）。

　　PEP　产品开发流程（Produktentstehungsprozess）。

　　Product Line　产品线。参见第2章。

　　Process　流程。参见第3章。

　　Prozess Attribute　流程属性。流程属性是一个流程的属性，可用 N、P、L 或 F 来评分，并据此评估相关流程能力级别。

　　Process Profile　流程概览。显示每个被评估流程的流程属性的评级分（N、P、L、F）。

　　PWM　脉宽调制。产生矩形脉冲的一种调制方式，即在两个数值之间交替出现频率不同的脉冲。

　　QS　质量保证。

　　Refactoring　重构。重构是指对源代码进行重组，但不改变技术上的逻辑。其目的不是要去消除错误或纯粹为了美化的美学，而是（例如，为了提高可理解性和可维护性）支持代码的重用，从而确保在今后扩展的情况下，少犯一些错误，或方便今后的故障排除。

　　Repository　数据仓库。借自拉丁文，意思是指"源""仓库"或者"存储"。特别是在电子和软件开发领域是指软件工具的数字信息的电子化归档和存储。这仅指物理存储的部分，而不一定包含版本管理或任何其他类型的管理。管理部分取决于软件工具的目的、任务和范围。

　　Resident Engineer　驻地工程师。自己公司的代表，在技术层面上作为客户的固定联系人对客户负责，往往被派往客户处常驻。

　　Sample　样品。不打算投放市场给终端客户的，而是，比如供检查（或用于展示）或为试用或测试而制作的，全部或部分完成的产品。

　　Security　安全。在英语中，对安全 Security（防止来自外部有意或无意的误操作）和安全 Safety（对来自内部的错误或失效情况下对负面影响的保护）进行了区分。德语中和这两个英文词对应的是同一个词（Sicherheit）。

SIG　特别兴趣小组（Special Interest Group）。

SiL　参见 SW – in – the – Loop。

Software – in – the – Loop　参见 SW – in – the – Loop。

SOP　开始量产（Start of Production）。

SPI　串行外设接口（Serial Peripheral Interface）。嵌入式系统领域里事实上的同步串行数据总线接口的标准。

Sponsor　委托人。参见 Assessment Sponsor（评估委托人）。

Stakeholder　利益相关方。指利益集团、群体或个人的通用术语，他们会对流程产生影响，例如他们提供输入或得到输出，必须或愿意提出规范（指标），在其任务范围内受流程结果直接或间接的影响，甚至必须完成全部或者部分结果。

Stakeholder Representative　利益相关方代表。从利益相关方中选出的特定代表，有决策权和审批权。

Standard component　标准组件。参见见第 2 章。

Static Software Library　静态软件库。由编译器预生成的程序部分，一旦被某编译后的程序段调用，就通过连接和该程序段集成在一起。这样一来生成的程序文件会增大。

Stub　模拟模块。如果您想测试某个软件的功能，它会调用其他功能，但这些功能：

- 尚未编译。
- 或者根据测试目的，被调用功能的主要功能应该被隔离。
- 或者调用的自动能新增输入，必须通过复杂的模拟生成。

以上情况下可以用模拟模块（Stub）代替这些子功能，使程序可以成功构建（Build）。模拟模块则为测试主功能提供必要的返回值。

SUP　Automotive SPICE 中的支持流程（SUP）。

SW – Element　软件元素的简写，代指软件单元（SW – Unit）和软件组件（SW – Component）。

SW – in – the – Loop　软件在环。测试软件时，而真实的微处理器环境也是利用软件的模拟模型仿真的，这种模拟环境被称为软件在环（Software – in – the – Loop）。这个 SiL 环境可以安装在计算机（PC）上，也可以在真正的微处理器内部运行。其主要特点是，对于要测试的软件，其处理器环境以及对寄存器和外设的访问等都是被模拟的。

SWE　Automotive SPICE 中的软件流程缩写。

SYS　Automotive SPICE 中的系统流程缩写。

System Clock　系统时钟。参见时钟（Clock）。

System engineer　系统工程师。参见第 2 章。

Tailoring　剪裁。对标准规定的调整，使之适合应用在一个具体项目（量身定做）中。这不是违反规定，而是一种正常的情况，因为规定是为了广泛适用而制定的，而不是针对具体的情况。

Target　目标。软件的真实、运行操作和应用环境（这里的目标可能是微处理器）、硬件（这里目标可能是机电组件）或者是机电一体化的组件（这里的目标可能是整体产品的样品）。

Traceability　可追溯性。通过链接、引用或命名惯例对工作产品中的内容给予指引，从而能够说明，哪些内容与哪些其他内容相关或由其产生。这一点非常必要，因为从某种程度上来说，所有产品信息和文档达到一定复杂程度后，没人能够再靠记忆来判断。比如，一个有意的更改会产生什么影响，是否每项需求都已经测试了，是否每个测试都有对应的需求等。

Translation Unit　翻译单元。编译器在宏扩展并将所有通过#include 和#ifdef接受的代码元素合并起来的最终输入，然后从代码元素生成对象文件（Objecr Files）。

UC　用例。见第 2 章。

Use Case　用例。见第 2 章。

Web – Feed　网上信息源（或称新闻源 New – Feed）。一种基于某些文件格式（如 RSS，Really Simple Syndication）的机制，通过这个可以将变化发表在新闻网站、博客、论坛、维基等网站上。为了能够自动接收推送信息，接收方必须先登记。

WP（Work Product）　工作产品。参见工作产品（Arbeitsprodukt）。

附录 B　参 考 文 献

[ASPICE3]　Automotive SPICE® Process Assessment/Reference Model, VDA QMC Working Group 13/Automotive SIG, Version 3.0, *www.automotivespice.com*

[Besemer et al. 14]　Besemer, F.; Karasch, T.; Metz, P.; Pfeffer, J.: Clarifying Myths with Process Maturity Models vs. Agile. White Paper, 2014, verfügbar unter *http://www.intacs.info/index.php/110-news/latest-news/183-white-paper-spice-vs-agile-published*

[Bühler & Metz 16]　Persönlicher fachlicher Austausch mit Matthias Bühler, Brose Fahrzeugteile GmbH & Co KG, 2016

[Clements & Northrop 02] Clements, P.; Northrop, L.: Software Product Lines: Practices and Patterns. SEI Series in Software Engineering, Addison-Wesley, 2002

[Dornseiff & Metz 15] Persönlicher fachlicher Austausch mit Manfred Dornseiff, 2015

[Etzkorn 11] Etzkorn, J.: Suppliers, SPICE & Beyond – A Decade's Experience Report. VDA Automotive SYS Conference, 5. Juli 2011, Berlin

[Fuchs & Metz 13] Persönlicher fachlicher Austausch mit Thorsten Fuchs, 2013

[Gamma et al. 96] Gamma, E.; Helm, R.; Johnson, R.; Vlissides, J.: Design Patterns: Entwurfsmuster als Elemente wiederverwendbarer objektorientierter Software. Addison-Wesley, 1996 und mitp Professional Verlag, 2014

[Grabs & Metz 12] Grabs, P.; Metz, P.: A Critical View on 'Independence' in ISO 26262-2. 4th EUROFORUM conference »ISO 26262«, Sept 12th-14th, 2012, Leinfelden-Echterdingen

[Gulba & Metz 07] Persönlicher fachlicher Austausch mit Urs Gulba, 2007

[Hamann & Metz 15] Persönlicher fachlicher Austausch mit Dr. Dirk Hamann, 2015

[IEC 61882] IEC 61882:2016 Hazard and operability studies (HAZOP studies) *https://webstore.iec.ch/publication/24321*

[intacsPA] Standardisiertes Trainingsmaterial für die Ausbildung von intacs™-certified Provisional Assessoren, Arbeitsgruppe geleitet bis 2015 von Pierre Metz. Inhalte für das Modul über Capability Level 2 und 3 und deren Interpretation wurden aus [Metz 09] entnommen.

[Jacobson et al. 92] Jacobson, I.; Cristerson, M.; Jonsson, P.; Övergaard, G.: Object-Oriented Software Engineering – A Use Case Driven Approach. Addison-Wesley, 1992

[Maihöfer & Metz 16] Persönlicher fachlicher Austausch mit Matthias Maihöfer, 2016

[Metz 09] Metz, P./SynSpace: »Tutorial – Process-specific Interpretations of Capability Levels 2 and 3«, SPICE Days 2009, Stuttgart

[Metz 12] Metz, P.: Experience Report – Functional Safety Standard Conformance Via Process Monitoring Using A Product Line Approach. 6. Int. IQPC Konferenz »International Conference Experiences with ISO 26262«, Darmstadt, 2012

[Metz 14] Metz, P.: Experience Report – Entwicklung sicherheitsrelevanter mechatronischer Automotivesysteme – Faktor Mensch und Organisation gegenüber Technik und Prozess. Talk im Park, Fa. Methodpark, München, 2014

[SophBl] Sophist Blog *http://www.sophist.de/index.php?id=180&tx_ttnews%5Byear%5D=2011&tx_ttnews%5Bmonth%5D=11&tx_ttnews%5Bday%5D=09&tx_ttnews%5Btt_news%5D=514&cHash=cfb62e5864007c51bb7cd388520c6129*

[Umbach & Metz 06] Umbach, H.; Metz, P.: Use Cases vs. Geschäftsprozesse –
Das Requirements Engineering als Gewinner klarer Abgrenzung. Informatik
Spektrum 29(6): 424-432 (2006)

[VDA_BG] Verband der Automobilindustrie (VDA): Automotive SPICE® Guideline and
Recommendations – Process Assessment Using Automotive SPICE® In The
Development of Software-Based Systems. Blau-Gold-Band, 1st edition, VDA
(geplant ist ein Erscheinungsdatum Ende 2016/Anfang 2017)